Anette Heidel
BEZIEHUNGSKAMPF OD

GW01459951

ANETTE HEIDEL

BEZIEHUNGSKAMPF ODER -TANZ

Konflikte in Harmonie verwandeln:
In 8 Schritten zu tiefer Verbundenheit
und erfüllten Beziehungen

Impressum

Bibliografische Information der Deutschen Nationalbibliothek: Die Deutsche Nationalbibliothek verzeichnet diese Publikation in der Deutschen Nationalbibliografie; detaillierte bibliografische Daten sind im Internet über http://dnb.dnb.de abrufbar. Die automatisierte Analyse des Werkes, um daraus Informationen insbesondere über Muster, Trends und Korrelationen gemäß §44b UrhG („Text und Data Mining") zu gewinnen, ist untersagt.

© 2024 Anette Heidel www.anetteheidel.com
Lektorat: Maria Al-Mana
Verlag: BoD • Books on Demand GmbH, In de Tarpen 42, 22848 Norderstedt
Druck: Libri Plureos GmbH, Friedensallee 273, 22763 Hamburg

Anette Heidel ist auch auf Facebook, Instagram und TikTok

ISBN: 978-3-7597-9513-7

INHALTSVERZEICHNIS

VORWORT VON OLIVER GEISSELHART

Liebe Leserinnen und Leser,

es bereitet mir große Freude, dieses Vorwort für Anettes Beziehungsratgeber zu verfassen. Mein Name ist Oliver Geisselhart, und ich hatte das Vergnügen, Anette während ihrer Ausbildung zum Speaker auf meiner Finca auf Mallorca kennenzulernen. Ihre Leidenschaft und ihr Engagement haben mich zutiefst beeindruckt.

Seit 40 Jahren stehe ich auf Bühnen und habe bisher über 600 Trainer, Speaker und Coaches ausgebildet. In diesen Schulungen ist die richtige Beziehung immer wieder ein zentrales Thema. Dabei geht es um die Verbindung zu sich selbst, zu den Kunden, zur Familie und innerhalb von Partnerschaften.

Anette ist eine außergewöhnliche Autorin, die nicht nur über tiefgreifende Einblicke in die Dynamik zwischen Menschen verfügt, sondern auch die Fähigkeit besitzt, dieses Wissen mit Empathie und Verständnis zu vermitteln. Mit 16 verfassten Büchern, darunter einige Bestseller, bin ich selbst ein großer Fan des geschriebenen Wortes. Bei Anettes Buch bin ich überzeugt, dass die Erkenntnisse, die Sie in diesen Seiten finden werden, Ihr Verständnis von Beziehungen vertiefen und Ihnen helfen werden, positivere und erfüllendere Verbindungen zu schaffen.

Meine besten Wünsche begleiten Anette als Autorin auf ihrem Weg, Beziehungen zu bereichern, und allen Lesern, die sich auf die Entdeckungsreise durch dieses Buch begeben, wünsche ich viel Erfolg bei der Vertiefung ihrer Verbindungen

Herzlichst,

Oliver Geisselhart, Mental- und Gedächtnistrainer, Speaker, Coach www.teamgeisselart.de

VORWORT VON NICO PRINER

Liebe Leserinnen und Leser,

Es erfüllt mich mit großer Freude und Stolz, dass ich das Vorwort für dieses außergewöhnliche Buch verfassen konnte. ‚Beziehungskampf oder -Tanz' ist nicht nur ein Werk, das dazu dient, Beziehungen zu beleben und zu vertiefen, sondern auch das Buch einer bemerkenswerten Frau, meiner geschätzten Freundin, Anette Heidel.

Anette ist für mich wie pure Ahoibrause - eine explosive Mischung aus Energie, Leidenschaft und Inspiration. Ihre unermüdliche Hingabe als Glückstrainerin, Speakerin und Coach zur Verbesserung zwischenmenschlicher Beziehungen hat bereits viele Menschen, einschließlich mich selbst, inspiriert und positiv beeinflusst.

Dieses Buch ist längst überfällig. In einer Welt, in der wir uns oft von unserem hektischen Leben und den Anforderungen des Alltags überrannt fühlen, brauchen wir dringend neue Wege und Möglichkeiten, wie wir unsere Beziehungen stärken und pflegen können. Anette bietet uns in hier nicht nur wertvolle Ratschläge, sondern sie tut dies auch mit einem erfrischenden Sinn für Humor und Leichtigkeit.

Nun lade ich Sie ein, sich gemeinsam mit Anette auf eine Reise zu begeben, die Ihre Beziehung auf das nächste Level bringen wird. ,Beziehungskampf oder Tanz' ist mehr als ein Buch, es ist ein wertvolles

Werkzeug, das Ihr Leben und Ihre Partnerschaft transformieren kann - ach, was schreibe ich denn hier - TRANSFORMIEREN WIRD.

Vielen Dank, Anette, für dieses wertvolle Geschenk an die Welt.

Mit herzlichen Grüßen

Nico Pirner

Geschäftsführer NLP Ausbildungsinstitut, www.nlp-np.de

Gönne dir bewusst die Zeit zum Lesen. *Schaffe dir einen Ort, an dem du dich rundum wohlfühlst, um die Inhalte dieses Buches in Ruhe zu entdecken und auf dich wirken zu lassen.*

Öffne dich für die Erkenntnisse, die dich auf deinem Weg begleiten werden.

Vielleicht möchtest du das ein oder andere Aha-Erlebnis festhalten – dieses Buch lädt dich immer wieder dazu ein, deine Gedanken aufzuschreiben und wertvolle Einsichten für dich mitzunehmen.

Ich wünsche dir viele erfüllte Momente

Deine Anette

KAPITEL I

ÜBER DIESES BUCH

DIE SPRACHE DIESES BUCHES

Hast du schon mal Rainer Maria Rilke oder einen anderen bedeutenden Meister der Sprachkunst laut vorgelesen? In meiner Sprachschulung durfte (und musste) ich natürlich genau das tun. Erst in diesem Moment habe ich mich in die deutsche Sprache verliebt. Vorher empfand ich sie als hart und emotionslos. Dieses Geschenk, zu erkennen, wie schön Worte sein können, trage ich seitdem in mir.

Schon lange sehe ich Menschen wie Puzzleteile – zusammen ergeben wir ein Bild, aber wir passen nicht immer genau. Unterschiede und Grenzen mache ich (noch) bei extrem politisch oder religiös eingestellten Menschen. Für mich ist die Bereitschaft, andere Meinungen und Gesinnungen zuzulassen sehr wichtig.

Aus diesen zwei Gründen habe ich mich dazu entschlossen, die geschlechtsspezifische Sprache zu vermeiden.
Ich glaube an die Kraft der Worte, an die Verbindungen, die sie schafft und liebe die Schönheit dahinter. Jetzt freue ich mich auf unsere gemeinsame Reise durch dieses Buch.

MEINE PERSÖNLICHE REISE: TRÄNEN UND TRIUMPHE

In meinem Leben habe ich eine Vielzahl an Beziehungen gelebt, die von liebesdurchdrungenen und turbulenten Momenten bis hin zu toxischen Bindungen reichten. Ob im privaten oder beruflichen Bereich, ich habe die gesamte emotionale Bandbreite von Beziehungshöhenflügen bis zu Tiefpunkten durchlebt. Wie du bestimmt auch, habe ich viele unterschiedliche Beziehungsrollen eingenommen – ich bin Mutter, Tochter, Geliebte, Chefin, Freundin, Lehrerin, Schülerin und noch so vieles mehr. Kannst du dich auch in diesen vielfältigen Rollen wiederfinden? Die Vielfalt an Beziehungsperspektiven kann verwirrend sein.

Irgendwann hatte ich genug von verworrenen, destruktiven und energieraubenden Beziehungen. Schon früh in meinem Leben begann ich, mich mit der Kraft unseres Geistes und unserer Gedanken auseinanderzusetzen.
Die Frage, was uns wirklich glücklich macht und warum wir uns manchmal so fehl am Platz fühlen, wurde zu einem starken Forschungsantrieb. Antworten fand ich während meiner Ausbildungen zum Mental-Coach, zur Yogatherapeutin und Glückstrainerin. Doch erst die Verknüpfung dieser verschiedenen Ansätze und die Reflexion meiner eigenen Beziehungen führten mich auf den Weg erfüllender Beziehungen. Ich lernte, mich von dem ungesunden Drang, von allen gemocht zu werden, zu befreien. So konnte ich aus meiner eigenen Kraft schöpfen und belastende Beziehungen leichter hinter mir lassen. Der Aufbau gesunder und bereichernder Beziehungen gelingt mir nun müheloser. Übrigens treten auch in

diesen positiven Beziehungen Auseinandersetzungen auf, was ganz natürlich ist, allerdings gelingt mir jetzt mein Umgang mit Konflikten viel leichter und besser.

Dieses Wissen und die Aufarbeitung meiner persönlichen Erfahrungen haben mein Leben so bereichert, dass ich diese essenziellen Erkenntnisse mit dir teilen möchte.

Wir alle sehnen uns nach harmonischen und wertschätzenden Beziehungen. Doch leider begegne ich immer wieder dem Gegenteil. Viele meiner Klienten leiden unter schlechten oder sogar toxischen Beziehungen. Es gibt auch die Form von Beziehungen, in denen sich die Paare arrangieren, sie leben quasi nur noch nebeneinanderher. Jede dieser Formen führt langfristig zu unglücklichen Beziehungen und kann uns das starke Gefühl der Einsamkeit geben. Wir sind keine Opfer! Wir haben die Macht, unsere Beziehungen auf ein Niveau zu heben, das uns Glück und Liebe schenkt.

Als Glückstrainerin widme ich mich den vier Bereichen des Glücks: Gesundheit, Alltag, Mindset und Beziehungen. Wenn wir diese vier Säulen positiv beeinflussen, legen wir eine stabile emotionale Grundlage - eine Glücksbasis, wie ich sie nenne.

Um diese Werkzeuge zu verbreiten, habe ich ein Online-Glückstraining[15] entwickelt. Aus diesem Training entstand schließlich das Webinar 'Beziehungstango'. Ich konnte einfach nicht aufhören, an diesem Webinar zu arbeiten, und es wuchs und wuchs. Und dann, mitten in diesem Prozess, habe ich mich in einen Mann verliebt. Dieser Verliebtheitsrausch

hat den Inhalt dieses Buches auf eine ganz besondere Art und Weise geprägt. Mir ist es wichtig, dass nicht nur ich, sondern auch du in den Genuss **liebevoller und wert-schätzender Beziehungen** kommst.
„Practice what you preach"[14] **- Lebe selbst, wovon du sprichst.**

Es wäre unauthentisch, wenn ich nicht selbst das leben würde, worüber ich hier schreibe. Du bekommst Einblick in mein Leben und ich berichte dir darüber, wie sehr ich mich in meiner toxischen Beziehung verändert habe. Ich durchlitt Isolation, tiefe Trauer und entwickelte sogar eine Zornes-falte. Es ist mir gelungen, mich aus dieser Situation zu be-freien, und darüber hinaus habe ich persönliches Wachstum erfahren. Wenn du dich hier angesprochen fühlst, sei gewiss, dass es möglich ist, sich zu befreien. Das erste Kapitel über toxische Beziehungen bietet Einblicke, die dir helfen können. Die Möglichkeit zur Erlangung innerer Stärke und Verände-rung beginnt mit dem tiefen Wunsch dazu. Erinnere dich da-ran, dass es Unterstützung und Hilfe gibt – auch ich bin durch diesen Prozess begleitet worden. Du bist nicht allein auf diesem Weg und du wirst es schaffen.
Ich bin zutiefst von den Inhalten dieses Buches überzeugt, denn ich lebe sie. Viele Menschen und viele meiner Klienten wenden die Methoden an, und sie funktionieren. Deshalb präsentiere ich dir hier solide und sofort anwendbare Werk-zeuge. Deine Beziehungen werden sich allmählich verändern – sei bereit für diese fesselnde Transformation.

WIE DIESES BUCH DEIN LEBEN VERWANDELN KANN

Eine harmonische und glückliche Beziehung fällt einem nicht einfach in den Schoß. Es gibt Höhen und Tiefen, Konflikte und Reibungen, die dazugehören. Stell dir vor, du willst einen neuen Tanz lernen: Du hast vielleicht das Taktgefühl, liebst die Musik und kannst dich gut im Rhythmus bewegen. Aber um wirklich tanzen zu können – mit all den Schritten und Figuren – musst du die Bewegungen lernen, üben und immer wieder wiederholen. Genauso verhält es sich mit Beziehungen.

Mit genau dieser Absicht habe ich dieses Buch geschrieben. Deine Beziehung kann von einem kleinen, aber wichtigen Impuls profitieren, um dauerhaft leichter und harmonischer zu werden.

Das Geheimnis harmonischer und erfüllender Beziehungen ist keine Magie – es ist das Ergebnis deiner bewussten Taten und Entscheidungen.

Wenn du die Schritte nützlich findest und sie so anpasst, dass sie zu deinem Lebensstil passen, kannst du dein Leben unter anderem um diese drei wertvolle Aspekte bereichern:

✓ WERTSCHÄTZUNG

Möchtest du in deinem Leben mehr Wertschätzung erfahren? Hier findest du nicht nur Antworten, sondern auch klare Wege, hin zu mehr gegenseitiger Wertschätzung.

✓ VERSTÄNDNIS

Du sehnst dich danach, besser verstanden zu werden. Auf den folgenden Seiten wirst du entdecken, wie du nicht nur Missverständnisse vermeiden, sondern auch effektiver kommunizieren kannst.

✓ AUTHENTIZITÄT

Hast du genug davon, dich zu verstellen, nur um anderen zu gefallen? Bist du bereit, deine wahre Authentizität zu leben? Dieses Buch unterstützt dich dabei dich selbst besser kennen zu lernen und deine Authentizität zu finden.

Vom Beziehungskampf zum Tanz

Dieses Buch bietet dir praxiserprobte Techniken und wertvolle Informationen, die dir helfen werden, den Weg von konfliktbeladenen Beziehungen zu harmonischen und erfüllten Verbindungen zu finden.

1. Die Inhalte in diesem Buch sind keine bloße Theorie – sie funktionieren tatsächlich!

2. Die Informationen und Techniken wurden größtenteils evaluiert und von mir liebevoll aufbereitet. Dein Wohlergehen ist meine Herzensangelegenheit.

3. Die darin beschriebene Vorgehensweise haben nicht nur ich, sondern die haben viele Menschen, die ein erfülltes Leben mit positiven Beziehungen führen, erfolgreich umgesetzt.

KAPITEL II

BEZIEHUNGSMAGIE: QUELLE DES LEBENS

WARUM BEZIEHUNGEN UNSER LEBEN PRÄGEN

Schnelligkeit und ständiger Wandel dominieren unser Leben. Was ist dabei die tragende Konstante und was gibt uns Sicherheit? Einer der bedeutendsten Kraftspender hat seine unveränderte Bedeutung über alle Zeiten bewahrt: Es sind Beziehungen

Von den uralten Banden zwischen Stammesmitgliedern bis hin zu den modernen Verbindungen, die in den Weiten des Internets entstehen, sind Beziehungen das unsichtbare Netz, das unsere Leben zusammenhält.

Stell dir vor, du hältst ein Buch voller Möglichkeiten in den Händen – ein Buch, das die Seiten der Beziehungsmagie aufschlägt und das Geheimnis enthüllt, wie positive Beziehungen geführt werden können. Greifst du nach diesem Buch, um es zu lesen, oder lässt du die Chance verstreichen?

Uns steht eine Fülle von Technologien und Möglichkeiten zur Verfügung, die unsere Kommunikation auf neue Ebenen gehoben hat. Allerdings hat dies auch einen Preis. Es hat uns zu einem **Paradoxon** geführt: **Wir sind verbundener als je zuvor, und dennoch fühlen sich viele von uns einsamer als je zuvor.** Inmitten dieses Dilemmas tauchen positive Beziehungen auf wie strahlende Leuchtfeuer. Sie bieten Trost, Freude, Unterstützung und einen Ort, an dem wir uns wirklich verstanden fühlen.

Es ist wichtig zu verstehen, dass nicht jede Beziehung heilsam ist. **Ausschließlich positive Beziehungen entfalten diese fördernde und Glück bringende Wirkung in uns.**

Doch warum sind positive Beziehungen so essenziell? Was macht sie so kraftvoll? Warum wirken sie heilend auf uns? Wieso sind wir resilienter und glücklicher mit ihnen? Ja, warum verlängern sie sogar unser Leben? Die Wissenschaft, vor allem die Positive Psychologie, erforscht das immer intensiver, Studien belegen zunehmend:

Positive Beziehungen sind ein Booster für unser gesamtes System: Körperlich, geistig und sozial

Das bedeutet gleichzeitig, dass negative oder sogar toxische Beziehungen (dieser Begriff wird gleich noch definiert) schwerwiegende Einflüsse auf uns haben. Die negativen Auswirkungen sind oft nicht sofort und unmittelbar sichtbar. Sie schleichen sich in unsere Psyche und unseren Körper ein, ohne dass wir es merken. Die Folgen werden oft unterschätzt und können sich, wenn wir ihnen über längere Zeit ausgesetzt sind, verheerend auf unsere psychische und körperliche Gesundheit auswirken.

Es ist sehr wichtig, den **Unterschied** zwischen wirklich ungesunden Beziehungen und solchen, die sich in einer Krise befinden, zu erkennen. In diesem Buch findest du einen Abschnitt, der dir dabei helfen kann, deine Beziehung richtig einzuschätzen. Bitte scheue dich niemals, Hilfe anzunehmen.

TOXISCHE BEZIEHUNGEN: DIE DUNKLE SEITE VON BINDUNGEN

In meine toxische Beziehung geriet ich langsam, als ich gerade nicht in meiner vollen Kraft war. Es war ein schleichender Prozess. Die Anfangszeit in dieser Partnerschaft war geprägt von liebevollen und aufregenden Momenten. Ich verbrachte mehr und mehr Zeit mit meinem Partner, dabei vernachlässigte ich zunehmend meine Freunde, das wiederum führte zu Spannungen zwischen meinen Freunden, meinem Partner und mir. Irgendwann sah ich mich gezwungen, die Fronten zu verteidigen. Schließlich wollte er ja nur das Beste für mich - dachte ich jedenfalls damals. Doch nach und nach wurde sein Bedürfnis nach Kontrolle immer deutlicher. Er schrieb mir zum Beispiel vor, wie die Wäsche gefaltet oder der Besen gehalten werden sollten – klingt harmlos? Was glaubst du, will ein Mensch, der solchen Kleinigkeiten schon eine so große Wichtigkeit beimisst, dann erst von dir, wenn es um entscheidende Dinge geht? Das Feld um mich herum wurde immer enger und enger, meine Entscheidungen immer unwichtiger und meine Lebensenergie immer kleiner. Streitereien waren an der Tagesordnung, gefolgt von dramatischen Versöhnungen. Ich befand mich mitten in einer toxischen Beziehung. Eines Tages sagte meine Mutter zu mir: "Anette, du lachst überhaupt nicht mehr." Ein eiskalter Schauer überkam mich. Ich? Diejenige, für die Lachen so wichtig ist? Da hat es Klick gemacht und ich konnte endlich den Entschluss fassen, mich aus dieser toxischen Beziehung zu befreien. Der Weg war nicht einfach, ich und viele andere haben es geschafft, bitte mach dir bewusst, dass es möglich ist. Du kannst es genauso schaffen.

Die Kunst besteht darin, klar herauszufinden, was eine ungesunde oder toxische Beziehung ausmacht. Denk an ‚toxisch' wie an das Gift, das unsichtbar in einer Flasche lauert. Dieses Gift wirkt nicht nur auf einer Ebene, sondern durchdringt dein gesamtes Leben.

Toxische Bindungen verhalten sich wie dieses unsichtbare Gift, das sich leise in unsere Psyche, unser Verhalten und unsere Gesundheit einschleicht. Sie sind das Ergebnis anhaltender Belastungen: Missverständnisse, Konflikte, Manipulation, negatives Verhalten, Grenzüberschreitungen oder emotionaler Missbrauch – um nur einige Faktoren zu nennen. Das Resultat ist in jedem Fall eine destruktive Dynamik, die zu einer unaufhaltsamen Abwärtsspirale wird.

Doch hier liegt die wahre Gefahr: Wenn wir beginnen, diese Signale als normal zu akzeptieren, sie zu entschuldigen oder einfach zu ignorieren, wird dieses toxische Verhalten zur täglichen Realität, und das ist äußerst bedrohlich. So ist es mir ergangen und so bekomme ich es immer wieder von meinen Klienten gesagt. „Er oder sie meint es ja nicht so", „so schlimm ist es auch wieder nicht", „Bei anderen Paaren ist auch nicht immer alles gut"

Sechs Warnsignale

Die folgenden **Signale und Anzeichen** sind wie Puzzleteile einer toxischen Verbindung, die im **Zusammenspiel** ihre volle Wirkung entfalten:

1. Du fühlst dich ständig, als könntest du nichts richtig machen.

2. Extreme Stimmungsschwankungen dominieren deine Gefühlswelt, oft bist du ihnen hilflos ausgesetzt.
3. Du wirst manipuliert, Dinge zu tun, die du sonst nicht tun würdest.
4. Ein Netz aus Kontrollen umgibt dich.
5. Du wirst in die emotionale und physische Isolation gedrängt.
6. Die Abhängigkeit von dieser Beziehung wird zu einem fesselnden Gefühl.

Warum ist der Ausweg aus solchen Beziehungen oft so anspruchsvoll und kräftezehrend? Die Antwort ist vielschichtig: Manchmal **gewöhnen**[1] wir uns an das Ungesunde und akzeptieren es als unvermeidlichen Teil unseres Lebens. Manchmal klammern wir uns an die **Hoffnung** auf Besserung, selbst wenn die Realität düster aussieht. Und manchmal fühlen wir uns einfach **kraftlos** und ohne Perspektive, dem Ganzen zu entkommen.

Der Begriff ‚toxische Beziehung' ist wissenschaftlich nicht eindeutig definiert. Die Grenzen sind fließend: Es gibt Menschen, die leben ‚einfach' nebeneinander her und haben sich arrangiert, sie kommen irgendwie klar. Das gilt im Allgemeinen nicht als toxisch, allerdings können solche Verbindungen genauso krank und unglücklich machen.

Vom Tiefpunkt zur Befreiung

Anhaltend schwierige und negativ fordernde Beziehungen können schwerwiegende Auswirkungen auf unsere **psychische und körperliche Gesundheit** haben. Die Liste der schädlichen Auswirkungen ist lang und komplex, und

Forscher aus verschiedenen Fachbereichen beschäftigen sich intensiv damit. Hier sind einige der negativen Folgen von lang anhaltenden, toxischen Beziehungen:

- EMOTIONALE ERSCHÖPFUNG:
Wir fühlen uns ausgelaugt und belastet, da der ständige Konflikt und das negative Verhalten unserer Bezugspersonen uns zermürben.

- SELBSTWERTPROBLEME:
Toxische Beziehungen können unser Selbstwertgefühl erheblich beeinträchtigen, da wir uns kontinuierlicher Kritik ausgesetzt sehen.

- BERUFLICHE LEISTUNGSEINSCHRÄNKUNGEN[2]:
Die Auswirkungen können sich in Unkonzentriertheit oder leichter Reizbarkeit zeigen.

- ERHÖHTER STRESS:
Ständige Konfrontationen und ungeklärte Konflikte zehren an uns, wir finden keine Ruhe und sind tatsächlich im Dauerstress. Unser Organismus wird mit Stresshormonen überflutet.

- FEHLENDE ERHOLUNGSKOMPETENZ:
Wir haben Schwierigkeiten, uns zu erholen und zur Ruhe zu kommen, die anhaltenden Konflikte versetzen uns ständig in Alarmbereitschaft.

- IMMUNSCHWÄCHUNG[4]:
Die langfristigen Auswirkungen toxischer Beziehungen können unser Immunsystem schwächen und uns anfälliger für Krankheiten machen.

✱ SCHLAFSTÖRUNGEN

Der emotionale Tumult, den wir in ungesunden Beziehungen erleben, kann zu Schlafstörungen führen und unsere Schlafqualität erheblich negativ beeinträchtigen.

✱ HERZ-KREISLAUF-ERKRANKUNGEN[4]:

Der anhaltende Stress und die psychische Belastung können das Risiko für Herz-Kreislauf-Erkrankungen erhöhen.

✱ GEFÜHL VON ISOLATION UND EINSAMKEIT[5]:

In toxischen Beziehungen fühlen wir uns oft isoliert und einsam, da der Kontakt zu unserem sozialen Umfeld möglicherweise unterdrückt wird.

✱ DEPRESSION UND ANGST[5]:

Die seelische Belastung toxischer Beziehungen kann zu ernsthaften, psychischen Erkrankungen wie Depressionen und Angststörungen führen.

Emotionale Turbulenzen setzen in unserem Körper biochemische Substanzen frei, die sich (langanhaltend) wie ein Gift langsam ausbreiten und unser inneres Gleichgewicht sowie unser Glücksempfinden stören.

Mir fehlte irgendwann die Lebensfreude. Wer das erkannt hat, dem ist ziemlich schnell klar:

> *Unser Ziel muss sein, aus dieser gefährlichen Spirale auszubrechen und in Richtung neuer, positiver, erfüllender Beziehungen zu gehen.*

Viele Menschen sind an toxische Beziehungen gekettet, aber genauso viele finden den Mut, sich zu befreien. Du kannst zur Gruppe der Befreiten gehören. Du bist bereit, Schritt für

Schritt den Tanz der Beziehungen zu erlernen, um schließlich positive, belebende Verbindungen zu knüpfen.

Deine Schritte zur Befreiung

→1. **Erkenne** toxische Beziehungen – sie verbergen sich oft hinter einer Maske des ‚Normalen'. Vielleicht hast du dich an das Ungesunde gewöhnt, aber akzeptiere es nicht als Normalzustand![1]

→2. **Liebe dich selbst genug**, um eine Veränderung anzustreben.

→3. **Finde** die richtigen Werkzeuge, um deinen eigenen Weg zu gehen, und hole dir dafür Unterstützung

All die aufgezählten negativen Folgen von toxischen Beziehungen kannst du wandeln. **Positive Beziehungen wirken positiv auf unsere psychische und körperliche Gesundheit.**

ERFOLGREICHE BEZIEHUNGEN

Dir ist jetzt sicher klar, dass negative Beziehungen keine Option mehr für dich sind. Wenn du positive Beziehungen pflegst, wirst du mit einem erfüllten und glücklichen Leben belohnt. Klingt das zu gut, um wahr zu sein? Nun, ich (mittlerweile) und viele andere Menschen praktizieren genau das. Vielleicht fehlen dir nur noch die passenden Schritte dazu.

Bereite dich jetzt darauf vor, in die Welt der positiven Beziehungen einzutauchen. Dieses Buch wird dich inspirieren, deine Verbindungen zu pflegen, zu stärken und zu vertiefen – nicht nur zu anderen Menschen, sondern auch zu dir selbst.

> Bitte notiere dir Beziehungen, die du als positiv und bereichernd empfindest, und die du persönlich kennst.

Inspirierende Beispiele

Diese Menschen haben es geschafft, trotz Widrigkeiten und Gegensätzen gute Beziehungen zu führen[6].

- BARACK UND MICHELLE OBAMA:
Das ehemalige US-Präsidentenpaar Barack und Michelle Obama wird oft für ihre enge und **unterstützende Beziehung** bewundert. Ihre gemeinsame Arbeit an sozialen Projekten und ihr gegenseitiger Respekt füreinander sind Beispiele für eine starke Partnerschaft.

- QUEEN ELIZABETH II. UND PRINZ PHILIP:
Die britische Königin und ihr Ehemann Prinz Philip führten eine bemerkenswerte Ehe, die mehr als sieben Jahrzehnte dauerte. Ihre **partnerschaftliche Unterstützung** und ihr Zusammenhalt während ihrer langen Zeit als royales Paar sind inspirierend.

- OPRAH WINFREY UND GAYLE KING:
Die langjährige Freundschaft zwischen der Talkshow-Ikone Oprah Winfrey und der Journalistin Gayle King ist ein Paradebeispiel für eine tiefe und **dauerhafte Freundschaft**. Sie

teilen Höhen und Tiefen des Lebens miteinander und sind füreinander da.

- JOHN LENNON UND PAUL MCCARTNEY:

Die Mitglieder der legendären Band The Beatles, John Lennon und Paul McCartney, waren nicht nur musikalische Partner, sondern auch enge Freunde. Ihre kreative Zusammenarbeit und ihr **tiefer Respekt** füreinander haben die Musikgeschichte geprägt.

- ANGELA MERKEL UND EMMANUEL MACRON:

Die ehemalige deutsche Bundeskanzlerin Angela Merkel und der französische Präsident Emmanuel Macron hatten eine starke **politische Beziehung**, die die deutsch-französische Zusammenarbeit in der Europäischen Union vorangetrieben hat. Ihr Engagement für die europäische Integration ist bemerkenswert.

- RONALD REAGAN UND MIKHAIL GOR-
  BATSCHOW:

Der ehemalige US-Präsident Ronald Reagan und der ehemalige sowjetische Staatschef Mikhail Gorbatschow hatten eine einzigartige **politische Beziehung** während des Kalten Krieges. Ihr Dialog und ihre Zusammenarbeit trugen zur Entspannung und letztendlich zum Ende des Kalten Krieges bei und eröffnete neue wirtschaftliche Märkte.

KAPITEL III

BEZIEHUNGSKAMPF: SEINE DYNAMIK

FEHLER ALS MÖGLICHKEIT ZUR VERÄNDERUNG

Fehler gehören zum Leben und sind ein unvermeidlicher Teil unseres Lernprozesses. Sie bieten uns die Chance, neue Wege zu entdecken und uns weiterzuentwickeln. Doch während einige Fehler uns tatsächlich voranbringen, indem sie als Sprungbretter fungieren, gibt es andere, die uns blockieren und unsere Beziehungen negativ beeinflussen können.

Diese Fehler, die uns im Leben und in Beziehungen stagnieren lassen, werden gefährlich, wenn wir sie nicht bewusst wahrnehmen und daran arbeiten, sie zu überwinden. Anstatt sie als Möglichkeit zum Wachstum zu nutzen, können sie zu Stolpersteinen werden, die uns in negativen Mustern festhalten.

Um ein erfülltes und glückliches Leben zu führen, ist es entscheidend, diese destruktiven Fehler zu identifizieren und aktiv daran zu arbeiten, sie zu vermeiden. Nur so kannst du toxische Muster durchbrechen und den Weg zu gesunden, bereichernden Beziehungen freimachen.

Fehler können also auch als Etappen auf unserem Weg zur Entwicklung, Verbesserung und Fortschritt gesehen werden.

WENN FEHLER ZUM BEZIEHUNGSKILLER WERDEN

Eines meiner Lieblingszitate stammt von Einstein, er hat dieses Thema auf den Punkt gebracht: *„Die Definition von Wahnsinn ist: immer wieder das Gleiche zu tun und andere Ergebnisse zu erwarten."* Zudem ist es dumm und die ständige Wiederholung kann sogar gefährlich werden. Du bekommst jetzt 3 der häufigsten Gefahren aufgezählt. Identifiziere diese Handlungen und Fehler und nimm sie als Sprungbrett.

GEFAHR 1: Unklare Kommunikation

Jeder kennt sie vermutlich: **Missverständnisse**. Eine Botschaft kommt nicht richtig an oder du empfängst sie anders als gemeint. Sender und Empfänger sind quasi nicht auf der gleichen Verständniswelle eingestellt. Die Auswirkungen können verheerend sein, denn Verständnis ist die Basis für jede Beziehung. Die Gründe sind vielfältig. Zum Beispiel können wir ein unterschiedlich semantisches (Bedeutung von Wörtern) Wortverständnis haben.

Hier ein Beispiel dazu: Thomas ist Deutscher und verabredet sich mit John, der in Afrika groß geworden ist, auf einen Kaffee am Nachmittag. Für Thomas bedeutet das, zwischen 14:00 und 16:00 Uhr, für John beginnt der Nachmittag allerdings erst um 16:00 Uhr.

Verallgemeinernde Ausdrücke wie *"alle, jede, immer"* bergen ebenso große Gefahren. Der Satz, *"Immer kommst du zu spät"* löst beim Gegenüber sofort einen Angriffsmodus aus. In der NLP (neurolinguistische Programmierung) gibt es wunderbare Techniken, um die Verallgemeinerung auf den Punkt zu bekommen und damit Klarheit und Verbindung zu schaffen. Hilfreich ist es hier **genau** zu hinterfragen, wer, was, wann.... Es gibt aber auch noch die Kommunikationsgefahr, dass wir Informationen einfach tilgen oder verzerren. Dies erwähne ich nur am Rande, damit du einen Eindruck bekommst, wie vielschichtig Kommunikation sein kann.

Was wir oft vergessen ist, dass wir **ständig kommunizieren**, auch über Gestik und Mimik. Wenn wir uns kurz wegdrehen, weil beispielsweise die Sitzposition unangenehm ist, kann das beim Gegenüber als Ablehnung ankommen. Was du sendest, kommt in solchen Fällen nicht komplett oder falsch an. Die **Fehlinterpretation** kann zu Konflikten führen.

Ein weiterer großer Aspekt der falschen Kommunikation ist es, wenn du Situationen **zu lange aushältst**. Die Art der schlechten Kommunikation ist anhaltend und es ändert sich nichts, oder der Versuch einer Veränderung führt zu nichts. Dann entsteht oft ein Gefühl von Distanz oder sogar Entfremdung. Du hast quasi aufgegeben und erträgst ‚es' nur noch. Das Gefühl von Ohnmacht und Hoffnungslosigkeit ist stark.

Falsche Erwartungen können in der Kommunikation fatal sein. Manchmal denken wir, dass unser Gesprächspartner unsere Gedanken lesen sollte. Übrigens betrifft dieses Phänomen nicht nur Frauen. Wir wünschen uns einen Gedankenleser, suchen nach jemandem, der uns versteht. Doch die Grenze zwischen Erwartung und Interpretation kann verschwommen sein. Erwartungen zu hegen oder Dinge zu stark zu interpretieren, führt oft nur zu Frustration und definitiv zu negativen Beziehungsdynamiken.

Wie dir verbindende und positive Kommunikation gelingt, findest du im <u>ersten Schritt</u>.

GEFAHR 2: Vernachlässigte Bedürfnisse

Wir denken, die anderen kommen zuerst. Du stellst dich oft selbst hinten an und bemerkst es manchmal kaum. Du investierst viel Energie, meist in das Wohl anderer, **vernachlässigst jedoch deine eigenen Bedürfnisse**. Dies kann langfristig zu einem Gefühl der Entfremdung von dir selbst führen.

Du lebst deine Stärken nicht aus, das kann zu wachsender Unzufriedenheit führen. Du fühlst dich ohne erkennbaren Grund schlecht und bemerkst, dass Krisen, Herausforderungen und Konflikte übermäßig viel Energie kosten. Auch dein Immunsystem scheint angeschlagen zu sein.
Nach deiner Erfahrung denkst du, dass du gewisse Erwartungen erfüllen musst, damit Beziehungen funktionieren. Dabei **vernachlässigst du deine eigene Entfaltung** und verlierst deine Lebensfreude. Das einstige Gefühl der Lebendigkeit und Begeisterung schwindet allmählich.

Wie du mehr du selbst sein kannst und somit deine Bedürfnisse gesund leben kannst findest du im <u>zweiten Schritt.</u>

GEFAHR 3: Eingeschränktes Mindset

Wenn wir in einem limitierenden Mindset hängen bleiben, bremst uns das in fast allen Bereichen des Lebens aus. Positive Beziehungen haben dann fast keine Chance mehr.

Definition Mindset:

Mindset kann man mit Denkweise übersetzen. Es beschreibt unsere Einstellung zum Leben und umfasst:

- Überzeugungen
- die Gesinnung
- unsere Mentalität
- die innere Haltung

Daraus wächst unser Verhalten und schafft unsere Verhaltensmuster.

Eine Handlung ist eine Reaktion auf einen Reiz. Es gibt bewusste und unbewusste Handlungen oder Reaktionen. Es wird vermutet, dass wir zu 95 Prozent unbewusst handeln! Eine Handlung ist grundsätzlich das Resultat einer Kombination und Interaktion verschiedener Faktoren. Hier die drei entscheidendsten Faktoren:

- BIOLOGISCHE FAKTOREN setzen Prozesse in Gang bei denen unser Gehirn, Hormone und das Nervensystem involviert sind.
- PSYCHOLOGISCHE FAKTOREN wie Gedanken und Emotionen (unser **Mindset**) prägen uns und beeinflussen unsere Handlungen und Reaktionen.
- SOZIALE FAKTOREN üben im Kontext von Beziehungen einen großen Einfluss auf unser Handeln aus.

Soziale Faktoren sind z.B. die Familie, Nachbarschaft, Gemeinschaften, Vereine, Freunde usw.

Oftmals entwickeln wir Verhaltensmuster, die wir irgendwann automatisch abspulen. Diese unbewussten Handlungen können dazu führen, dass wir uns hilflos im Umgang mit anderen Menschen fühlen. Wir verstehen weder ihre noch unsere eigenen Reaktionen und leiden unter den Konsequenzen. Oft liegt dies an erlernten und nicht reflektierten Faktoren, seien sie biologischer, psychologischer oder sozialer Natur.

GLAUBST DU WAS DU DENKST?

Ein sehr verbreiteter Grund für ein unzufriedenes Leben und limitierte Beziehungen sind Glaubenssätze.

DEFINITION GLAUBENSSATZ:
Glaube = Sachverhalt oder Verhalten, das ohne tatsächlichen Beweis als wahr eingestuft wird, eine sogenannte Annahme.
Satz = eine Aussage, in diesem Fall meist prägnant

Der Glaubenssatz ist in aller Regel tief in unserem Unterbewusstsein verwurzelt. Wiederholungen machen den Glaubenssatz für uns wahr. Sätze, die wir bewusst oder unbewusst wiederholen, schaffen Emotionen, und danach handeln wir dann.

Es gibt zwei Arten von Glaubenssätzen: die guten, die dich fördern, Entwicklung zulassen und glücklich machen. Und die limitierenden, die dich ausbremsen und immer wieder in das gleiche Muster treiben.

Glaubenssätze sind also tief verankerte Überzeugungen, die unser Verhalten prägen. Negative Glaubenssätze blockieren unsere Entwicklung und müssen identifiziert werden. Wir können erkennen, warum wir diese begrenzenden Glaubenssätze haben. Ursprünglich wollte uns dieser Satz vielleicht vor etwas schützen. Allerdings hat sich durch die anhaltende Wiederholung dieser guten Absicht ein negatives Muster entwickelt. Unter anderem können wir neue, positive Aussagen formulieren und sie zu unseren Freunden und guten Beratern machen. Das Thema Glaubenssätze ist sehr umfangreich und es gibt einige Methoden sie zu identifizieren und aufzulösen. Das ist manchmal etwas komplex, und es kann hilfreich sein, einen Profi hinzuzuziehen.

Hier sind drei Beispiele von Glaubenssätzen, die unsere Entfaltung behindern und Beziehungen schädigen können und die Wandlung in positive und unterstützende Glaubenssätze:

✘ LIMITIERENDER GLAUBENSSATZ: *„Ohne mich läuft es nicht"*
Wir fühlen uns gebraucht und wichtig, sind aber dadurch in einer Dauerschleife gefangen.
✔ POSITIVER GLAUBENSSATZ: *„Gemeinsam schaffen wir mehr"*
Dieser Glaubenssatz fördert die Anerkennung, dass Teamarbeit und Zusammenarbeit wertvoll sind. Indem wir Aufgaben

und Verantwortung teilen, können wir effizienter arbeiten und gleichzeitig Stress abbauen. Es ermutigt dazu, anderen zu vertrauen und sie in den Prozess einzubeziehen, wodurch eine gesunde Balance entsteht.

✖ LIMITIERENDER GLAUBENSSATZ: *„Einer muss es ja machen"*
Du vergisst, eine Emotionsbilanz zu führen und „zahlst" zu viel ein. Geben und Nehmen sind aus dem Gleichgewicht. Das erkennst du oft zu spät.
✓ POSITIVER GLAUBENSSATZ: *„Ich achte auf meine Bedürfnisse"*
Dieser Glaubenssatz betont die Bedeutung von Selbstfürsorge und der Wahrnehmung eigener Bedürfnisse. Es ist in Ordnung, Grenzen zu setzen und sich Zeit für sich selbst zu nehmen, um ein Gleichgewicht zwischen Geben und Nehmen zu schaffen. Dies fördert eine gesunde Selbstwahrnehmung und hilft, Burnout zu vermeiden.

✖ LIMITIERENDER GLAUBENSSATZ: *„Ich werde gemocht, wenn ich ...... bin!"*
Schwächen sind nicht erwünscht, deshalb verstecken wir sie gekonnt. Im Gegenzug geben wir uns so, wie wir glauben, den anderen zu gefallen.
✓ POSITIVER GLAUBENSSATZ: *„Ich bin wertvoll, so wie ich bin."*
Dieser Glaubenssatz ermutigt zur Selbstakzeptanz und Authentizität. Er erkennt an, dass wahre Verbindungen auf Ehrlichkeit und der Annahme aller Aspekte einer Person beruhen, einschließlich Schwächen. Es fördert das Vertrauen,

dass man auch ohne Perfektion oder Anpassung gemocht und geschätzt wird.

Hierzu passt folgendes Zitat, es zeigt die Macht und die Folge von Gedanken auf.

> *„Achte auf deine Gedanken, denn sie werden zu deinen Worten.*
>
> *Achte auf deine Worte, denn sie werden zu deinen Taten.*
>
> *Achte auf deine Taten, denn sie werden zu deiner Gewohnheit.*
>
> *Achte auf deine Gewohnheiten, denn sie werden zu deinem Charakter.*
>
> *Achte auf deinen Charakter, denn er wird dein Schicksal."*
>
> *Charles Reade (1814–1884)*

Dieses Zitat verdeutlicht die tiefgreifende Macht unserer Gedanken. Unsere Glaubenssätze – die oft unbewussten Überzeugungen, die wir über uns selbst und die Welt haben – formen unser Denken und damit unser gesamtes Leben.

Glaubenssätze neu formulieren

Nehmen wir den Glaubenssatz „Einer muss es ja machen". Wenn dieser Satz dein **Denken** bestimmt, wird er bald zu deinem Mantra: „Ich mache es, sonst macht es ja keiner." Diese **Worte** beeinflussen dein **Handeln** – du übernimmst Aufgaben, die du eigentlich nicht übernehmen willst. Mit der Zeit wird es zu einer **Gewohnheit**, immer der zu sein, der alles erledigt. Dein Umfeld erwartet es, und auch du selbst hinterfragst es nicht mehr. Schließlich prägt diese Haltung deinen **Charakter** – du wirst zur „Macherin" oder zum „Macher" für alle, oft ohne Rücksicht auf deine eigenen Bedürfnisse. **Das Ergebnis**? Dein Leben fühlt sich schwer und belastend an.

Aber was, wenn du diesen Glaubenssatz durch einen **positiven** ersetzt? Zum Beispiel: „Meine Zeit und Energie sind wertvoll." Dieser Satz lenkt deine Gedanken in eine neue Richtung: „Ich wähle bewusst, wofür ich meine Energie einsetze." Deine Worte und Taten verändern sich, du lernst, Aufgaben abzugeben oder „Nein" zu sagen. Dies führt zu neuen Gewohnheiten, in denen Selbstfürsorge und Grenzen respektiert werden. Dein Charakter entwickelt sich in Richtung Selbstbestimmtheit und innerer Ruhe. Und schließlich: Dein Schicksal verändert sich – du erlebst ein erfüllteres, leichteres Leben.

Probiere das gerne mal mit deinem Glaubenssatz aus.

Wer führt Regie in deinem Leben?

Jetzt sind wir der Frage, wer oder was uns ins Handeln bring schon nähergekommen. **Unser Denken steuert unser Handeln**. Ich will dich hier nicht mit einer neurologischen Abhandlung über die Funktion unseres Gehirns langweilen, deshalb bekommst du jetzt eine kurze und prägnante Einführung. Unsere Handlungen sind Reaktionen auf Reize von außen, aber auch aus einem inneren Antrieb heraus. Das ist dann die Motivation, die uns Dinge tun oder sagen lässt. Unser Mindset (mehr dazu siehe Schritt acht) bringt uns ins Tun. Wir handeln aus einer bestimmten Motivation heraus. Zum Beispiel ist Hunger ein Motiv, wir sind dann motiviert, uns Essen zu beschaffen.

Unser **Mindset** kreiert ein **Motiv**, dieses Motiv ist unsere Motivation für unsere **Handlungen**. Wir handeln so, wie wir denken und fühlen.

Prof. Gerhard Roth, Professor für Verhaltensphysiologie und Hirnforscher, hat **sieben Grundmotive** identifiziert, die uns quasi in die Wiege gelegt wurden. Die sieben Grundmotive können uns, oft unbewusst, zu limitierenden Handlungen verleiten. Dies wiederum kann Konflikte, Vertrauensverlust und emotionale Belastungen zur Folge haben.

Die sieben Grundmotive:

Erfahre jetzt, wie du diese **teilweise destruktiven** Motive kraftvoll transformieren kannst.

So transformierst du Schattenseiten

Die sieben Grundmotive sind starke Antreiber unseres Handelns. Sie sind nicht von Natur aus schlecht; es liegt an uns, wie wir sie nutzen. In den folgenden Abschnitten erfährst du die **Schattenseiten** dieser Motive, die dich und deine Beziehungen belasten können. Doch du lernst auch, wie du diese mächtigen Kräfte in dir positiv **transformieren** kannst. So kannst du sie nutzen, um dein Leben zu bereichern, dein Glück zu steigern und gesunde Beziehungen zu fördern.

MACHT

✖ SCHATTENSEITE

Der Wunsch nach Macht kann aus einem tiefen Bedürfnis nach Sicherheit und Kontrolle entstehen, oft als Reaktion auf Gefühle der Bedrohung oder Unsicherheit. Der falsche Einsatz von Macht kann Angst und Misstrauen erzeugen, was das Vertrauen und die Offenheit in Beziehungen untergräbt.

✓ TRANSFORMATION

Indem du deine Handlungen transparent und nachvollziehbar machst, kannst du Vertrauen aufbauen und Verantwortung übernehmen. In Beziehungen bedeutet dies, dass deine Partner sich auf dich verlassen können, was eine stabile und sichere Grundlage schafft.

Positiver Leitgedanke: „Ich bin berechenbar"

RUHMSUCHT

✖ SCHATTENSEITE

Das Streben nach Ruhm kann aus einem starken Bedürfnis nach Anerkennung und Wertschätzung resultieren. Menschen sehnen sich nach Bestätigung und einem Gefühl der Bedeutung. Dazu ist es meistens notwendig, sich über andere zu erheben. In Beziehungen kann dies zu Oberflächlichkeit führen, da

✓ TRANSFORMATION

Anerkenne und schätze deine eigenen Talente und Stärken realistisch. Selbstakzeptanz fördert echtes Selbstbewusstsein und ermöglicht es dir, authentische und tiefe Verbindungen einzugehen, da du dich nicht mehr ständig beweisen musst.

der Fokus auf Selbstdarstellung liegt und somit die authentische Verbindung verhindert.

Positiver Leitgedanke:
„Ich akzeptiere mich selbst"

AGGRESSIVITÄT

✖ SCHATTENSEITE
Aggressivität, oft begleitet von Angst, kann Beziehungen belasten, indem sie ein Umfeld von Konflikt und Unsicherheit schafft.

✔ TRANSFORMATION
Durch eine ruhige und gelassene Reaktion in stressigen Situationen zeigst du Weitblick und Führungsstärke. Diese Besonnenheit fördert eine harmonische Beziehung, in der Meinungen konstruktiv ausgetauscht werden können.

Positiver Leitgedanke:
„Ich bin besonnen"

SEXUALITÄT

✖ SCHATTENSEITE
Übergriffe oder erzwungene Sexualität spiegeln ein Ungleichgewicht und Missbrauch wider. Das ist nicht nur inakzeptabel sondern zerstört jede Form von Beziehung. Auch instrumentalisierte Sexualität führt nie zu

✔ TRANSFORMATION
Wahre Liebe und Wertschätzung beginnen bei der Selbstliebe. Durch das Geben und Empfangen reiner Liebe schaffst du eine tiefe, verbindende Erfahrung, die weit über das rein Körperliche hinausgeht. Außerdem

gelungenen und nachhaltigen Beziehungen.

kann dadurch vertraute und lustvolle Sexualität wachsen.

Positiver Leitgedanke:
„Ich liebe mich selbst, ich bin offen"

GELDGIER

✖ SCHATTENSEITE

Es geht hier nicht um das Motiv, vermögend und wohlhabend zu sein. Wenn der Antrieb zur Geldgier aus Ängsten resultiert, wie der Angst vor Einsamkeit oder dem Gefühl, nicht genug zu sein, kann es vom gesunden Wunsch nach Wohlstand hin zur Gier kippen. Das kann zu unlauteren Mitteln führen, was zu Vertrauensverlust in Beziehungen führt.

✔ TRANSFORMATION

Ehrlichkeit und Vertrauenswürdigkeit sind fundamentale Bausteine einer gesunden Beziehung. Sie schaffen eine Atmosphäre von Sicherheit und Offenheit, in der beide Partner gedeihen können.

Positiver   Leitgedanke:
„Ich bin ehrlich und vertrauenswürdig"

NEID

✖ SCHATTENSEITE

Da gibt es jemanden, der etwas hat oder kann, was wir als äußerst begehrenswert empfinden. Dass wir es nicht

✔ TRANSFORMATION

Aktiviere deine Stärke, entwickle den festen Willen, das anzugehen, was du dir wirklich wünschst. Höre haben oder können, versetzt uns in einen negativen Gefühlszustand, bis hin zu Groll. Wir empfinden einen Mangel und schaffen es nicht, Veränderungen herbeizuführen. Bleiben wir bei dieser Empfindung hängen, belastet das unsere Beziehungen extrem.

dabei auf dein Herz. Nutze Neid als Motivation, um positive Veränderungen in deinem Leben zu bewirken, anstatt dich in negativen Gefühlen zu verlieren.

Positiver Leitgedanke: „Ich bin fest entschlossen"

MISSGUNST

✖ SCHATTENSEITE

Missgunst kann aus Unsicherheiten und geringem Selbstwertgefühl resultieren. Wir sehen in anderen das, was wir uns selbst wünschen – daraus kann Frustration entstehen. Die Steigerung davon ist das destruktive Verhalten des nicht Gönnens und das vergiftet unsere Beziehungen.

✔ TRANSFORMATION

Bei dieser Meistertugend schaust du hinter deine eigene Kulisse. Sie führt zu einem gesunden Selbstbewusstsein und ist die Basis für gute, liebevolle Handlungen. Es hilft dir, dich selbst besser zu verstehen und empathischer zu handeln, was die Qualität deiner Beziehungen verbessert.

Positiver Leitgedanke: „Ich reflektiere mich und mein Tun."

*Durch die bewusste Transformation dieser Grund-
motive kannst du persönlich wachsen und tiefere,
erfüllende Beziehungen aufbauen.*

Hier nochmal die drei Beziehungskiller

✖UNKLARE KOMMUNIKATION
✖VERNACHLÄSSIGTE BEDÜRFNISSE
✖STARRE DENKWEISE

Sie kommen nicht allein. Es gibt eine Vielzahl solcher Bezie-
hungssaboteure, aber diese drei treffen unsere Schmerz-
punkte am meisten. Mit den acht Schritten hin zu positiven
Beziehungen kannst du einen guten Grundstein legen. Die
Schritte werden dich anhaltend unterstützen und festigen –
damit bist du kraftvoll auf ein glückliches und erfülltes Leben
hin ausgerichtet.

**Wie du dein Mindset noch besser für tolle Beziehun-
gen formen kannst, findest du im <u>achten Schritt</u>.**

KAPITEL IV

BEZIEHUNGSGLÜCK: IN ACHT SCHRITTEN

1. SCHRITT: WORTE - BRÜCKEN BAUEN UND KURS SETZEN

BEZIEHUNGSKAMPF   Menschen, die negativ oder dauerhaft unachtsam kommunizieren, befinden sich auf einem Weg, der von Missverständnissen und Konflikten geprägt ist. Jede negative Bemerkung, jedes herablassende Wort und jede ungerechte Kritik hinterlassen tiefe Spuren im Fundament der Beziehung. Vertrauen, das fragile Herzstück jeder Partnerschaft, wird langsam und unaufhaltsam vergiftet. Ständige Kritik, Missachtung oder Herabsetzung höhlen, wie der stete Tropfen den Stein, die Beziehung und Lebensfreude aus. Daraus wächst emotionale Distanz, die bis zur Vereinsamung führen kann.

BEZIEHUNGSTANZ   Richtige Kommunikation ist die Voraussetzung für gelungene Beziehungen. Wenn du verbindend kommunizierst, passiert Folgendes: Du stärkst deine Beziehungen, baust ein ehrliches und vertrauensvolles Miteinander auf, der gegenseitige Respekt wächst, der Austausch wird freudvoller und optimistischer. Es gibt mehr Bereitschaft zur Konfliktlösung, die Akzeptanz unterschiedlicher Meinungen wächst, die Zusammenarbeit verbessert sich, dein Wohlbefinden steigt, deine Empathie erhöht sich und es entsteht mehr Raum für persönliche Entwicklung. Du führst positive und glückliche Beziehungen, die zu mehr Zufriedenheit führen.

Das Wunder der positiven Kommunikation

Positive und verbindende Kommunikation ist natürlich kein Wunder, sondern eine **Technik**, die du **erlernen** kannst. Diese Art der Kommunikation hat eine **transformative** Kraft, die sich **positiv** auf verschiedene Aspekte des Lebens auswirken kann. Sie fördert eine gesunde, unterstützende und wertschätzende Atmosphäre in privaten und beruflichen Beziehungen.

Die Forschung auf diesem Gebiet ist noch jung, gerade die Glücksforschung bestätigt diese Kraft aber jetzt schon. Hast du Zweifel daran, oder hast du erkannt, wie essenziell wichtig eine gelungene Kommunikation ist? Oder besser noch, hast du eigene Erfahrungen gemacht, die das bestätigen? Fakt ist: Die richtigen Worte bewirken eine Menge:

✔ STÄRKERE BINDUNG UND VERTRAUEN

Positive Kommunikation fördert ein offenes, vertrauensvolles Umfeld, es entsteht eine stärkere emotionale Bindung. Emotionale Belastungen können leichter bewältigt werden und seelisches Wohlbefinden wird gefördert.

✔ HARMONIEFELD

Konflikte können frühzeitig erkannt und konstruktiv gelöst werden, bevor sie sich negativ auf die Beziehung auswirken. Es findet ein respektvoller und achtsamer Austausch statt.

✔ KRAFT- UND GESUNDHEITSQUELLE

Ein unterstützendes und verständnisvolles Umfeld gibt uns Kraft und entspannt uns. Das kann sich positiv auf die körperliche und psychische Gesundheit auswirken. Die

Motivation wächst und wir sind eher dazu bereit, positives, gesundheitlich förderliches Verhalten zu übernehmen, zum Beispiel durch Sport, die Ernährung und anderes.

✓ GEMEINSAMES WACHSTUM

Verständnis ermöglicht es, sich gegenseitig zu unterstützen. Ziele und Herausforderungen können gemeinsam besser erreicht werden. Positive Kommunikation fördert eine tiefere Intimität und Nähe zwischen den Partnern. Indem sie sich respektvoll und liebevoll untereinander austauschen, fühlen sie sich emotional verbunden und geliebt. Auf diese Weise können sich beide Partner persönlich weiterentwickeln.

Stolpersteine erkennen und überwinden

Unser Ziel ist es gesunde und positive Beziehungen zu führen. Wenn du die möglichen Ursachen zur Entstehung von Kommunikationsstolpersteinen erkennst, kannst du aktiv was dagegen tun. Du bekommst Tools an die Hand, um in deine Kommunikation und deine Beziehungen harmonischer zu gestalten. Hier sind mögliche Ursachen für Kommunikationsdefizite:

✖ MANGELNDE VORBILDER

Oft haben wir schon falsche Kommunikationsmuster erlernt. Wir übernehmen Modelle von unseren Eltern, von unseren Bezugspersonen, von Lehrern oder der Gesellschaft, ohne sie bewusst zu hinterfragen. Ohne klare oder vielleicht sogar falsche Vorbilder können Menschen Schwierigkeiten haben, zu verstehen, wie sie sich in verschiedenen Situationen angemessen ausdrücken sollen. Empathie ist ein sehr wichtiger und essenzieller Faktor für positive Beziehungen. Wir können lernen, empathisch zu sein, hier können uns Vorbilder gut leiten. Für mich ist Viktor Frankl ein großes Beispiel für Empathie und den Glauben an das Gute im Menschen. Viktor Frankl durchlebte die Qualen des KZ und der Naziverfolgung und hat aus dieser traumatischen und grauenvollen Erfahrung etwas Wundervolles geschaffen – die Weiterentwicklung und Verbreitung der Logotherapie. Seine Erfahrungen im KZ stärkten seinen Glauben an die Bedeutung des Lebenssinns, was er in seinem berühmten Buch Trotzdem Ja zum Leben sagen: Ein Psychologe erlebt das Konzentrationslager' eindrucksvoll darlegte. Trotz seines Leids schuf er eine positive und lebensbejahende psychotherapeutische Methode, die bis heute vielen Menschen hilft, einen Sinn im Leben zu finden.

Vorbilder müssen nicht immer die bedeutenden und bekannten Menschen sein. Vielleicht lebt dein Vorbild ganz in der Nähe und es gilt nur dieses Vorbild wahrzunehmen.

So überwindest du es:

✓ Vorbildern folgen

In meinem Freundeskreis und unter meinen Mentoren gab es immer wieder Menschen, die mich mit ihrer Ausdrucksweise beeindruckt haben. **Sich an positiven Vorbildern zu orientieren, kann einen großen Unterschied in der Art und Weise machen, wie wir kommunizieren und Beziehungen pflegen.** Schau dir an, wie diese Menschen Konflikte lösen, wie sie ihre Gefühle ausdrücken und wie sie zuhören. Integriere ihre Techniken in dein eigenes Verhalten, denn du weißt, dass es funktioniert. Dadurch kannst du nach und nach eine Kommunikationsweise entwickeln, die auf Respekt, Verständnis und Empathie basiert. Dies wird nicht nur deine Beziehungen verbessern, sondern auch dein eigenes Wohlbefinden

✗ SOZIALE NORMEN

Innerhalb einer Gesellschaft entwickeln sich bestimmte Kommunikationsstile. Auch wenn sie nicht immer förderlich sind, übernehmen wir sie, um uns anzupassen und in der jeweiligen Umgebung akzeptiert zu werden. In Japan beispielsweise werden ältere Menschen geradezu verehrt. In unserer Kultur ist es fast schon unpopulär, eine Türe für einen betagten Menschen aufzuhalten.

So überwindest du es:

✓ Soziale Normen erkennen und dem Druck entkommen

Lass mich dir einen persönlichen Einblick gewähren. Meine Eltern stammen aus dem Ruhrgebiet, während ich in Franken aufgewachsen bin. Typisch für die Franken ist dieser scherzhafte Satz: "*Woran erkennst du, dass du in Franken bist? Du kommst in ein Wirtshaus, und an jedem Tisch sitzt nur eine Person.*" In Franken, wo die Zeit ein bisschen gemächlicher zu verstreichen scheint, pflegen die Menschen einen eher bedachten Umgang miteinander. Dieses zurückhaltende Verhalten empfinde ich keineswegs als persönliche Zurückweisung. Ich verstehe es vielmehr als eine Facette der fränkischen Kommunikationstradition. Für Gäste aus dem Ruhrgebiet mag es mitunter so erscheinen, als seien wir Franken etwas weniger kontaktfreudig – doch letztlich handelt es sich um eine spannende Frage der zwischenmenschlichen Interaktion. **Begegne also Menschen, die ein anderes soziales Verhalten an den Tag legen, stets mit Toleranz und suche das Gespräch mit ihnen.** Erkenne deine sozial konditionierten Verhaltensweisen, allein diese

Erkenntnis, dass du unter sozialem Druck stehen könntest, kann dich entlasten.

✖ FEHLENDE KOMMUNIKATIONSERZIEHUNG

In vielen Bildungssystemen wird die Bedeutung der Kommunikationsfähigkeiten leider oft übersehen oder sogar vernachlässigt. Kinder und Jugendliche haben oft keine Möglichkeit, frühzeitig effektive Kommunikationskompetenzen zu erlernen. Doch es gibt immer Hoffnung. Ein äußerst ermutigender Trend zeigt sich in der steigenden Anzahl von Anmeldungen für verschiedene Kommunikationslehrgänge. Zu meinen persönlichen Favoriten gehören die Gewaltfreie Kommunikation (GFK) und die Neurolinguistische Programmierung (NLP).

So überwindest du es:

✓ GUTE KOMMUNIKATION LERNEN

Besonders im herkömmlichen Schulsystem kommt die Lehre der Positiven Kommunikation oft zu kurz. Ich selbst stieß erstmals auf ein Kommunikationskonzept, die Gewaltfreien Kommunikation (GFK), während meiner Ausbildung zur Kinderyogalehrerin. Später lernte ich weitere Methoden kennen, wobei das Neurolinguistische Programmieren (NLP) mir persönlich einen entscheidenden Schub in Richtung Positiver Kommunikation gab. Ist dir schon mal aufgefallen, dass sich sogar Politiker teilweise unverständlich ausdrücken? Meine persönliche Meinung dazu ist, gerade Menschen, die in der Öffentlichkeit stehen, sollten geschult sein in Positiver Kommunikation. Richtige Kommunikation ist ein **Handwerk, wer es beherrscht, erschafft wundervolle Beziehungen und bringt Leichtigkeit ins Leben.** Du musst nicht gleich eine Ausbildung machen, aber nutze

Weiterbildungsangebote, zum Beispiel an deiner VHS. Ein wichtiger Tipp: Der Markt ist mittlerweile voll von teilweise zweifelhaften Kommunikationstrainings. Bleibe wachsam, und sobald du merkst, dass dieses Format oder der Lehrer nicht passt, versuche etwas anderes.

✖ DIE URÄNGSTE VOR AUSGRENZUNG, EINSAM-KEIT, ISOLATION ODER DEMÜTIGUNG

Diese kleinen Teufel meinen es ‚eigentlich' gut mit uns. Sie wollen uns

schützen, denn in einer Gemeinschaft zu leben, war (und ist) überlebenswichtig. Die Aussicht, ausgeschlossen zu werden ist deshalb beängstigend. Diese Urangst verführt uns oft zur unklaren Kommunikation. Urängste steuern unsere Emotionen und somit unser Verhalten. Zum Beispiel kann das Ignorieren von Meinungen oder Beiträgen innerhalb einer Diskussion das Gefühl der Isolation verstärken. Wenn wir daraufhin limitierend reagieren, und nicht unseren Standpunkt vertreten, kann das zu Konflikten und Krisen führen.

Ur- oder Grundängste[14] sind z.B.:

- Angst vor der Nähe (Angst vor Hingabe, Verlust der Autonomie)

- Angst vor der Distanz (Angst vor Einsamkeit, Isolation, Selbstwerdung)

- Angst vor Veränderung (Angst vor Wandlung)

Angst vor der Endlichkeit (Angst vor dem Tod, Krankheit, Schmerz)

So überwindest du es:

✓ Balance finden von Meinung sagen oder nicht

Dies stellt eine der größten Herausforderungen dar. Marshall B. Rosenberg ist der Begründer der Gewaltfreien

Kommunikation, einer seiner Leitsätze ist mir immer wieder eine große Hilfe: *„Willst du recht haben oder glücklich sein? Beides geht nicht."* Bevor ich diesen Satz verinnerlicht habe, waren meine zwei alten Strategien entweder Konflikte zu vermeiden oder meine Meinung vehement zu verteidigen. Beides war eine absolute Reaktion ohne Kompromiss und funktionierte nicht. Vielleicht ist es am Anfang eine Herausforderung zu erkennen, wann das Rechthaben bedeutet zu dir zu stehen und wann es einfach nur dem Ego dient. Bleibe authentisch, stehe zu dir und sehe in deinem Gegenüber einen Menschen, der das Beste will.

Der Preis für Kommunikationsdefizite

Mangelnde oder falsche Kommunikation fordert einen hohen Tribut von dir. Dir ist jetzt bewusst, warum positive Beziehungen so essenziell wichtig sind. Für die falsche Art der Kommunikation zahlst du sehr wahrscheinlich mit Beziehungsverlust, es kostet dich gesundheitlich, physisch und psychisch einen hohen Preis. Deine persönliche und berufliche Entwicklung verzögert oder verschlechtert sich. Die folgenden drei Punkte zeigen dir noch einmal deutlich, wie gefährlich, ja sogar bedrohlich falsche Kommunikation ist.

✗ KONFLIKTE

Das Ergebnis von falscher Kommunikation sind Missverständnisse, Verwirrung und Unsicherheit. Die weitere Folge sind Konflikte und Auseinandersetzungen. Außerdem besteht im nächsten Schritt immer die Gefahr der Eskalation, in Beziehungen bis hin zur Trennung.

✖ EMOTIONALE VERLETZUNG

Falsche Kommunikation kann emotionale Verletzungen verursachen, die langfristige Auswirkungen auf unsere Beziehungen, körperliche Gesundheit und Psyche haben. Wir fühlen uns nicht wertgeschätzt und ungeliebt. Emotionale Verletzungen könnten negative Denkmuster verstärken. Menschen könnten dazu neigen, sich auf die negativen Aspekte von Situationen und Beziehungen zu konzentrieren, anstatt positive oder konstruktive Gedanken zu entwickeln.

✖ STAGNATION – ISOLATION

Im fortgeschrittenen und langanhaltenden Stadium der limitierenden Kommunikation wird unsere persönliche Entwicklung gehemmt. Es findet kein Fortschritt mehr in Beziehungen statt. Das Vertrauensverhältnis nimmt immer mehr ab. Dies kann zum Auflösen von Verbundenheit und zur Isolation führen.

Vielleicht ist das Aufzählen dieser Konsequenzen nicht besonders angenehm. **Sie darf und soll dir aber aufzeigen, wie wichtig und notwendig positive und verbindende Kommunikation ist**.

> *Denke immer daran – du hast alles in deiner Hand – du kannst jederzeit in den Glücksmodus wechseln und mit deiner positiven Kommunikation starten.*

Wir können nicht nicht kommunizieren

Die Wahrheit ist, dass wir ständig kommunizieren[7], selbst, wenn wir schweigen. Jede Geste, Mimik, ja sogar die Wahl unserer Kleidung drückt etwas aus. Und hier liegt das Geheimnis – unser Unterbewusstsein spielt hierbei die Hauptrolle, denn es steuert ca. bis zu 95Prozent unseres Verhaltens.

Lass uns einen Ausflug in meine Vergangenheit machen. In meiner Kindheit war ich fasziniert von den Ureinwohnern Nordamerikas, den Native Americans und spielte oft mit Figuren oder selbst indigene Rollen. Die Winnetou-Filme übten eine starke Faszination auf mich aus und hatten großen Einfluss auf mich. Als Jugendliche trug ich stolz Federohrringe, bis meine beste Freundin sagte: "*Das sieht echt blöd bei dir aus, total kindisch.*" Oh, wie das saß. Tatsächlich trug ich seitdem keine Federn mehr, ich wollte nicht kindisch wirken. Dabei war es nur Ausdruck meiner Faszination. Heute trage ich wieder mit Stolz meine Federohrringe.
Mit diesen Federn drücke ich mein Verbundenheitsgefühl mit der Lebensweise indigener Völker aus. Damals wie heute verbinde ich mit Federn und indigenem Schmuck Freiheit, starken Zusammenhalt, klare Strukturen und ein spirituelles Leben im Einklang mit der Natur.

Was drückt wohl deine nonverbale Konversation aus? Welche Botschaften sendest du unbewusst – oder vielleicht auch bewusst? Mach dir gerne dazu Notizen.

Jede Form der Kommunikation bildet das Fundament für Vertrauen, Wertschätzung und Verständnis. Jedes Wort, jede Geste von dir ist eine Gelegenheit, diese magische und Glück verheißende Verbindung zu schaffen, aufzubauen und zu stärken.

Positive Kommunikation - Zwei To-Do`s

1. FINDE DEINEN REAKTIONS-TYP

Folgende drei Reaktionen entspringen oft unseren tiefsten Instinkten. Meistens tendieren wir mehr zu einem von diesen instinktiven Reaktionen. Wozu tendierst du, welcher Instinkt-Typ bist du?

- **Kampf** (fight): Du wirst in eine hitzige Diskussion verwickelt, und dein Gegenüber lässt keinen Raum für deine Argumente. Obwohl du von deiner Position überzeugt bist,
- **Flucht** (flight): In der gleichen Situation ziehst du dich zurück und verlässt das ‚Schlachtfeld', um dem Konflikt zu entkommen.
- **Starre** (freeze): Du schweigst, obwohl du innerlich Antworten hast. Du schluckst deine Worte hinunter und lässt die Situation über dich ergehen.

Diese Reaktionsmuster sind tief in uns verankert, doch es gibt einen einfachen Weg, sie zu durchbrechen: **die bewusste Pause**

Stell dir vor, du befindest dich in einer solchen Diskussion. Statt instinktiv zu reagieren, kannst du eine kurze Pause einlegen. Sage zum Beispiel: *„Einen Moment bitte, ich mache kurz das Fenster auf"* oder *„Ich hole mir kurz etwas zu trinken"*. Diese kurzen Unterbrechungen helfen, Stress und negative Emotionen abzubauen. Du gewinnst Abstand zur Situation und kannst klarer denken. Mit dieser Ruhe kannst du entscheiden, wie du weiter vorgehst: Möchtest du die Diskussion fortsetzen, das Gespräch vertagen oder deinem Gegenüber Raum geben, sich auszudrücken?

Eine bewusste Pause in einem emotional aufgeladenen Moment schafft Raum für Gelassenheit und Reflexion. Du vermeidest impulsive Reaktionen, die den Konflikt verschärfen könnten, und öffnest die Tür zu einer konstruktiveren und verständnisvolleren Kommunikation.

2. ACHTE AUF DEINE PERSPEKTIVE

Oft fühlen wir uns in einer emotional aufgeladenen Situation **gefangen**. Mein indischer Lehrer hat als Beispiel ein Wollknäuel genommen: Wir sind verwickelt und eingebunden und wir finden nicht mehr den Anfang oder das Ende[8]. In solchen Momenten ist es hilfreich, sich geistig aus der **Situation herauszubewegen** und sie aus einer **neutralen Perspektive** zu betrachten.

- Kappe die Verbindung zur Situation
  Stell' dir vor, du könntest wie ein Adler hoch oben am Himmel schweben und auf die Szene hinunterblicken. Du siehst die Situation, aber du bist **nicht mehr**

vollständig darin gefangen. Diese **Vogelperspektive** ermöglicht es dir, Emotionen zu beruhigen und klarer zu denken.

- Durch die Augen eines anderen

Wie würde zum Beispiel der Dalai Lama das jetzt sehen? Das ehemalige spirituelle Oberhaupt von Tibet steht für Mitgefühl, Verständnis und Liebe. Er würde die Situation wahrscheinlich durch die **Linse des Mitgefühls und der Menschlichkeit** betrachten. Der Dalai Lama betont häufig die Bedeutung der inneren Ruhe und des Mitgefühls, auch in herausfordernden Situationen.

Eine andere Sichtweise bietet ein Beispiel meines NLP-Ausbilders, Nico Pirner. Er nannte die fiktive Figur des Mr. Spock aus der Star-Trek-Filmreihe und den berühmten Detektiv, Sherlock Holmes. Beide schätzen die Logik über alles und stellen ‚störende' Gefühle in den Hintergrund. In einer hochemotional geladenen Situation würde Mr. Spock sagen: *„Faszinierend "*. Er betrachtet die Situation mit **den Augen der Logik und eliminiert vollständig den emotionalen Anteil**, wodurch er ruhiger reagieren kann.

Verändere deine Perspektive, du hast dann die Möglichkeit, die Situation realistischer zu sehen und angemessen zu reagieren.

2. SCHRITT: AUTHENTIZITÄT - JENSEITS DER MASKEN

BEZIEHUNGSKAMPF Wenn ein Partner oder du seine wahren Gefühle und Gedanken verbirgt, ist es fast unmöglich, eine tiefe, emotionale Verbindung aufzubauen. Erinnere dich an den ersten Schritt: Wir können nicht nicht kommunizieren. Unser Gegenüber spürt, wenn wir nicht ehrlich und authentisch sind. Es kostet uns zudem ein unglaublich großes Maß an Kraft, im Außen eine Fassade aufzubauen oder eine Rolle zu spielen. Wir befinden uns damit immer in anhaltender Spaltung und Distanz zu unseren wahren Bedürfnissen. Kannst du dir vorstellen, wozu das auf Dauer führt?

BEZIEHUNGSTANZ Das Leben ohne Masken ist um so vieles einfacher. Vertrauen kann wachsen und fällt auf nährenden Boden. Dein Leben wird insgesamt auf allen Ebenen leichter.

Wenn du dich selbst vergisst

Wenn du dich dauerhaft selbst vergisst, **verpasst du die Chancen**, Rückschläge zu überwinden und dich von Misserfolgen zu erholen. Dadurch versäumst du wichtige Lernerfahrungen und Gelegenheiten, dich weiterzuentwickeln. Du verengst deinen Handlungsspielraum und steckst in negativen Verhaltensmustern fest. Das kann dazu führen, dass du dich in wiederkehrenden unerwünschten und toxischen Situationen wiederfindest.

Du lebst eingeschränkt und entfaltest nicht dein Fähigkeiten-Potenzial. Dadurch wird dein Freiraum immer enger. Es besteht die Gefahr, dass du dich in diesen negativen Verhaltensmustern verstrickst. Im schlimmsten Fall bleibst du hängen und erzeugst immer wieder die gleichen unerwünschten und ungesunden und frustrierenden Ergebnisse. Deine Fähigkeiten bleiben unterdrückt und verkümmern im schlimmsten Fall.

All das wirkt sich negativ auf deine emotionale Gesundheit aus und führt zu dauerhafter Unzufriedenheit. Dies hat wiederum Auswirkungen auf deine körperliche Gesundheit. Wie kannst du gegensteuern?

Authentisch zu sein und sich selbst zu akzeptieren - das kann eine echte Herausforderung darstellen. Diese Schwierigkeiten ergeben sich aus unserem tief verwurzelten Verlangen nach sozialer Akzeptanz und dem Bedürfnis, gemocht zu werden.

Oft sind wir auf verschiedene Arten mit **Medien** verbunden, die uns **unrealistische und idealisierte Vorbilder** präsentieren. Als Beispiele seien hier Instagram, Facebook und TikTok genannt.

Solche Systeme neigen dazu, sich mit **angepassten und vorhersehbaren Verhaltensweisen** leichter zu tun. Wer hier aus der Rolle fällt, zum Beispiel, indem er einen extrem minimalistischen Lebensstil pflegt, kann leicht anecken.

All diese Faktoren und Einflüsse können uns daran hindern, unser authentisches Selbst zu leben.

Zurück zum wahren Selbst

Es lohnt sich, zunehmend in Einklang mit sich selbst zu gelangen. Die eigenen Bedürfnisse zu leben und selbstbewusst an die Dinge heranzugehen bedeutet keineswegs zwangsläufig, egoistisch zu sein. Im Gegenteil, wenn du in deiner Kraft stehst, kannst du Folgendes leben und teilen:

✓ DU SPRENGST GRENZEN

Neue Möglichkeiten und Potenziale eröffnen sich. Deine Perspektive erweitert sich, du triffst neue Entscheidungen und lebst deine Stärken, Talente und Erfolge. Du wirst unabhängiger und mutiger, gehst deinen eigenen Weg und verwirklichst deine Träume. Mit jedem Schritt überwindest du eingefahrene Grenzen und wächst in die Freiheit hinein. Du gestaltest nicht nur deine Zukunft, sondern lebst sie bereits. Du wirst zur Inspiration für andere.

✓ WIE IM INNEN, SO IM AUSSEN

Du fühlst dich innerlich frei und kannst deine Anteile leben. Du bist in der Lage, dich offener und authentischer zu zeigen, dadurch baust du tiefere Verbindungen zu anderen auf. Dieses Gefühl von Freiheit und Stimmigkeit strahlst du auch im Außen aus. Die wertvolle Übereinstimmung deines Wesens mit deinem äußeren Ausdruck katapultiert dich in die pure Authentizität. Wenn du deine Individualität lebst, gibst du den Menschen um dich herum Sicherheit und Klarheit. Deine Wirkung wird magnetisch sein, denn Menschen, die ohne Maske leben, sind für uns leuchtende Vorbilder.

✓ DU STELLST DICH HERAUSFORDERUNGEN

Schwierigkeiten nimmst du nicht mehr als unüberwindbare Hindernisse wahr, sondern als Möglichkeiten zum Lernen und Wachsen. Du siehst über den Horizont hinaus und erkennst neue Wege und Herangehensweisen. Alte, limitierende Überzeugungen kannst du hinter dir lassen. Mit jeder neuen Erfahrung steigert sich dein Selbstbewusstsein. Du hast verstanden, dass Probleme Aufgaben sein können, die lösbar sind. Deine Erfahrungsschätze erweitern sich, und dein Leben wird erfüllter und glücklicher.

✓ DEINE ECHTHEIT WIRKT ANZIEHEND auf andere Menschen. Authentische Menschen ziehen oft ähnlich gesinnte Menschen an, die ihre Werte und Interessen teilen. Dadurch entstehen tiefere, authentische Verbindungen, die auf Gemeinsamkeiten und gegenseitigem Verständnis beruhen.

✓ DU BAUST VERTRAUEN AUF. Authentische Menschen sind transparent und offen. Sie teilen ihre Gedanken, Gefühle und Motive mit. Dadurch schaffen sie ein Vertrauensfundament in ihren Beziehungen, da ihr Gegenüber weiß, dass sie ihnen die Wahrheit sagen und sich nicht verstellen.

✓ DU WIRST ENTSPANNTER SEIN. Sich authentisch auszudrücken bedeutet, sich nicht ständig verstellen oder eine Maske tragen zu müssen. Dies reduziert den stressigen Druck, sich vor anderen zu verstecken oder eine Fassade aufrechtzuerhalten.

Authentizität: Ein Schlüssel zum Glück

Die folgenden fünf unglaublich bereichernden Erkenntnisse klingen nicht nur toll, sondern sind auch von dem amerikanischen Glücksforscher Michael Fordyce und seinem Forschungsteam belegt. Michael Fordyce[10] gilt als einer der Pioniere der Glücksforschung. In den 1970er-Jahren fokussierte er seine Forschung auf die Mechanismen des Glücksempfindens und darauf, was unsere Lebenszufriedenheit steigert. In umfangreichen Forschungsprojekten und Studien ergründete er dieses Thema intensiv. Seine Arbeit hatte einen maßgeblichen Einfluss auf die Entwicklung von Interventionen und Programmen, die darauf abzielen, das allgemeine Wohlbefinden und die Lebenszufriedenheit zu fördern. Basierend auf diesen Erkenntnissen, entwickelte er gemeinsam mit seinem Team das erste Happiness-Training.

Auf Grundlage seiner Forschungsergebnisse formulierte Fordyce die 14 Grundsätze des Glücks. Im elften Grundsatz betonte er die **Bedeutung der Authentizität und des authentischen Selbstausdrucks.**
Sein elfter Grundsatz lautet: **„Sei du selbst" – ein Aufruf, die Masken fallen zu lassen.** Die 14 Grundsätze des Glücks haben mich so fasziniert, dass ich dir hier den Grundsatz der Authentizität näher bringen möchte. Positive Beziehungen sind von sehr glücklichen Menschen geprägt, die spontan und authentisch in sozialen Situationen sind. Hier seine fünf Erkenntnisse:

1. Menschen **unterscheiden** sich,
2. deswegen wird dich **nicht** jeder **mögen**.

3. Wenn dies geschieht, bedeutet es nicht, dass etwas mit **dir nicht stimmt**; es passt zwischen dir und dem anderen nicht, die Chemie stimmt nicht.

4. Im Leben suchen wir Menschen, die uns so mögen, **wie wir sind.**

5. Der beste Weg, diese Menschen zu finden, ist, wir **selbst zu sein.**

Fakten zur Demaskierung

Aus diesen fünf Fakten heraus ergibt sich eine Anleitung, wie du mehr du selbst sein kannst. Nutze diese Erkenntnisse und lege nach und nach deine Masken ab. Hier die Anleitung:

1. MENSCHEN SIND UNTERSCHIEDLICH.

Mach dir das bewusst – du kannst nicht so sein wie alle anderen, und das ist auch gut so. Überlege, warum du sein möchtest wie alle anderen. Wie könntest du das erreichen? Was müsstest du dafür tun? Wenn du diese Fragen beantwortest, wirst du vielleicht bemerken, wie sehr du dich verrenken müsstest oder bereits verrenkt hast. Du zahlst dafür einen hohen Preis. Akzeptiere, dass jeder Mensch anders ist, und das ist gut so.

2. DICH KANN NICHT JEDER MÖGEN.

Gerade weil wir unterschiedlich sind und verschiedene Erfahrungen gemacht haben, ist es nicht möglich, dass dich jeder mag. Wozu sollte das auch gut sein? Wir haben den Überlebensmodus längst hinter uns gelassen. Früher war es überlebenswichtig, akzeptiert und gemocht zu werden. Heutzutage dient es nur noch deinem ungesunden Ego, wenn dich alle mögen – ach ja, dich kann eben **nicht** jeder mögen. **Steh dazu und nimm es mit Humor.**

3. ES LIEGT NICHT AN DIR.

Mit dir stimmt alles. Wenn wir vermeintlich abgelehnt werden, interpretieren wir oft fälschlicherweise, dass es an uns liegt. Es ist ganz einfach – manchmal passt es einfach nicht zwischen zwei Personen.

In meinem Leben habe ich viele unterschiedliche Persönlichkeiten kennengelernt. Darunter gab es immer wieder Menschen, mit denen ich nicht klarkam. NA UND? Nur weil ich Yoga unterrichte, glauben manche Menschen, mich mit dem Schleier der Esoterik belegen zu können. Dadurch haben sie von mir ein bestimmtes Bild im Kopf. Liegt das an mir? Nein, es liegt an d Sichtweise. Es geht also nicht um deine Person, sondern um das, was dein Gegenüber wahrnimmt. **Befreie dich – es liegt nicht an dir.**

4. WIR WOLLEN AKZEPTIERT WERDEN.

Suche dir Menschen, die dich akzeptieren. Arbeite nicht unnötig daran, es allen recht zu machen. Es fühlt sich viel besser an, in Gesellschaft von Menschen zu sein, die dich und deinen Lebensstil akzeptieren. Es ist legitim, sich im Dunstkreis von Gleichgesinnten zu bewegen. **Aber**, achte darauf, dass du nicht völlig in einer Blase lebst. Ich könnte in einer Yogacommunity leben, wo alle Menschen mich zu 100 Prozent akzeptieren – mir würde jedoch die bunte Vielfalt der Meinungen fehlen.

5. LASS DICH FINDEN.

Wenn du authentisch bist, übst du eine Anziehungskraft auf andere aus. Dadurch wirst du echte, lang anhaltende und positive Beziehungen führen können. Wenn du diese Erkenntnisse umsetzt, wirst du Veränderungen erleben. Du wirst magnetisch wirken. Das habe ich selbst immer wieder erfahren. Deine Beziehungen werden harmonischer und du gehst mit viel mehr Leichtigkeit durchs Leben. **Setze es um, habe Geduld mit dir und sieh als Prozess**.

Meine Demaskierung

Das Ende einer Beziehung, sei es im privaten Bereich, in Liebesangelegenheiten oder im Beruf, erkenne ich oft daran, wie viel Energie mich diese Verbindung kostet. Früher setzte ich meine Kraft entweder darauf, den Erwartungen anderer zu entsprechen, oder ich fand mich in einer Konfliktposition wieder. Das hat mich immer weiter von mir selbst und meiner Authentizität sowie von fruchtbaren Verbindungen entfernt.

Um authentischer zu sein, wende ich das Zwiebelprinzip an. Ich betrachte mich, meine Rollen und Masken wie die Schichten einer Zwiebel, die ich nach und nach ablege. Auf diese Weise komme ich immer näher an meinen Kern. Diese Methode erlaubt es mir auch, meine aktuelle Situation zu berücksichtigen. Mithilfe dieser Methode entdecke ich mich selbst immer besser, sie nimmt mir den Druck, sofort authentisch sein zu müssen.

Hab den starken Wunsch und den Mut authentisch zu sein. Nimm keine abgelegten und verbrauchten Schichten mehr an. Finde deinen Kern.

3. SCHRITT: EMOTIONEN - DIE FORMEL FÜR GLÜCK

BEZIEHUNGSKAMPF Glück und gute Gefühle werden oftmals als lächerlich abgetan. Wir verbinden sie mit Kleeblättern und pluderhosentragenden Hippies.

Das ist eine große Gefahr. Wer dauerhaft negative Gefühle pflegt und immer wieder die Fehler sucht, befindet sich im anhaltenden Stresszustand. Negativität ist sinnvoll, wenn sie uns warnt und schützt, aber wie oft am Tag sind wir tatsächlich in echter Gefahr? Lösen wir diese negativen Gefühle nicht auf, schaden wir nicht nur unserer eigenen Gesundheit, sondern wirken auch äußerst unattraktiv auf andere.

BEZIEHUNGSTANZ Was hat es damit auf sich, dass manche Menschen, die sich mitten im emotionalen Sturm befinden, trotzdem in der Lage sind zu lächeln und zu sagen: „Mir geht es gut"? Dieses scheinbare Paradoxon ist keine esoterische Rätselhaftigkeit oder eine Laune der Persönlichkeit. Es ist die faszinierende Macht unseres eigenen Geistes, die hier am Werk ist.

Des Rätsels Lösung: Dorthin, wohin unsere Gedanken wandern, folgt auch unsere Energie. Das ist eine einfache Regel, die einen Schlüssel zur Wahrnehmung unserer Realität darstellt.

Die Macht der Fokussierung

Kennst du den Satz ‚Energie folgt der Aufmerksamkeit[11]‘?
Während meiner Schwangerschaft mit meiner Tochter
schien es, als ob es überall um mich herum nur noch schwan-
gere Frauen, Kinderwagen und das fröhliche Lachen von Kin-
dern gäbe. Sicherlich ist dir etwas Ähnliches schon einmal
passiert: Du hast ein bestimmtes Thema in deinem Leben,
und plötzlich befindest du dich ständig in entsprechenden
Situationen. Dieses Phänomen zeigt, dass unsere Energie
dorthin fließt, wo unsere Aufmerksamkeit liegt. Dadurch ak-
tivieren wir unsere Gefühlswelt. Mit diesem verknüpften Gefühl bewerten wir die Dinge und Personen um uns herum
und verleihen ihnen dadurch eine größere Bedeutung.

AUFMERKSAMKEIT

ENERGIE

FOKUS

**Energie folgt der Aufmerksamkeit und darauf setzen
wir unseren Fokus, damit schaffen wir unsere Realität.**

Unser Unterbewusstsein übernimmt die Rolle eines Suchers,
der nach den Dingen und Umständen Ausschau hält, die unseren Fokus verdienen. Diese Dinge begegnen uns dann
häufiger als vorher gedacht. Warum? Weil unser Gehirn von

Natur aus dazu neigt, Energie zu sparen, indem es sich auf Bekanntes konzentriert. So ersparen wir uns die Mühe, ständig neue Gedanken zu kreieren, und bewahren unsere Kräfte für andere Herausforderungen. Das ist durchaus praktisch – ABER – leider stellt diese Herangehensweise auch eine Einschränkung dar. Sie raubt uns die Chance auf uneingeschränkte Freiheit und vollkommene Glückseligkeit.

Warum? Weil unser Fokus oft unbeabsichtigt auf das Negative gerichtet ist[1]. Negative Aspekte wirken auf uns bedrohlich, naturgemäß sind sie damit wichtiger als unser Glück und Wohlbefinden. Deshalb nehmen wir eher das Negative wahr. Bedauerlicherweise neigen wir auch noch dazu, die negativen Gedanken zu wiederholen.

Die Folge? Wir verheddern uns in diesen destruktiven Gedankenschleifen – und früher oder später spüren wir die körperlichen und geistigen Auswirkungen.

Forschungsergebnisse und Studien[12,14] haben gezeigt, dass positive Emotionen wie Freude, Glück und Dankbarkeit weitreichend positive Auswirkungen auf uns haben. Hier sind einige davon:

✓ POSITIVE EMOTIONEN/GEFÜHLE ...

- **reduzieren** Entzündungen im Körper.
- **stärken** das Immunsystem.
- mindern das allgemeine Krankheitsrisiko.
- **erleichtern** den Aufbau und die Pflege von Bindungen.

- **erhöhen** unsere Empathie und fördern bessere Beziehungen.
- **steigern** die Kreativität.
- **öffnen** uns für neue Ideen und Gespräche.
- **verleihen** uns eine magnetische Ausstrahlung und ziehen andere an.
- **stärken** langfristig unsere Psyche und erhöhen unsere Widerstandskraft in Krisenzeiten.

Werde magnetisch

Die positive Ausstrahlung eines Menschen beruht auf verschiedenen psychologischen und physiologischen Mechanismen. Wenn wir uns glücklich fühlen, verändert sich unsere **Körpersprache**, unser **Gesichtsausdruck** und unsere **Stimme**. Diese Veränderungen sind nicht nur äußerlich sichtbar, sondern auch messbar:

- Körpersprache und Mimik: Glückliche Menschen neigen dazu, eine offene und entspannte Körpersprache zu haben. Sie lächeln häufiger, was mit der Ausschüttung von Endorphinen und anderen ‚Glückshormonen' verbunden ist. Laut einer Studie von Ekman und Friesen[14] gibt es Gesichtsausdrücke die universell und kulturübergreifend gleich sind. Sie können bei uns starke emotionale Reaktionen hervorrufen.

- Stimmqualität: Emotionen beeinflussen auch die Stimme. Glückliche Menschen sprechen oft in einem melodischeren, harmonischeren Tonfall. Eine Studie von Johnstone und Scherer[14] zeigt, dass positive Emotionen unsere Stimme auf eine Weise verändern, die für andere hörbar ist.

Du bist mehr, als du denkst

Hast du Lust andere Menschen zu begeistern und ein bisschen mehr Glück in die Welt zu bringen? Die mitreißende und motivierende Wirkung positiver Ausstrahlung lässt sich durch mehrere Konzepte der Sozialpsychologie und Neurowissenschaften erklären:

- EMOTIONALE ANSTECKUNG: Ich habe es sehr oft erlebt, dass mich die Stimmung von Menschen beeinflusst. Das Übertragen von schlechter Laune geht meistens sehr schnell, das hast du vielleicht schon erlebt. Emotionale Ansteckung ist ein Phänomen, bei dem Menschen die Emotionen anderer durch soziale Interaktionen übernehmen. Dieses Konzept wurde durch zahlreiche Studien unterstützt, darunter eine von Hatfield, Cacioppo und Rapson[14], die zeigen, dass Menschen unbewusst die Emotionen ihrer Interaktionspartner spiegeln. Dies geschieht über nonverbale Signale wie Mimik und Gestik, die automatisch nachgeahmt werden. Du kennst diese Miesepeter, oder Menschen die dir auf der Straße entgegenkommen und weißt intuitiv, diese Person ist schlecht drauf? So funktioniert emotionale Wahrnehmung, wenn du dich dann darauf einlässt, bist du schlecht drauf ohne es zu wollen. Genauso funktioniert es aber auch mit positiven Emotionen und genau das bereichert eine Beziehung.

Ich wünsche dir sehr, dass du Menschen in deinem Umfeld hast, die gute Laune versprühen, oder die Dinge eher positiver sehen. Lass dich von ihnen mitreißen und werde selbst immer mehr zu einem Menschen, mit dem man gerne zusammen ist.

- SPIEGELNEURONEN: Spiegelneuronen sind eine Gruppe von Neuronen im Gehirn, die aktiviert werden, wenn wir die Handlungen anderer beobachten. Diese Neuronen helfen uns, die Emotionen und Intentionen anderer zu verstehen und nachzuempfinden. Rizzolatti und Craighero[14] fanden heraus, dass Spiegelneuronen eine Schlüsselrolle bei der sozialen Interaktion spielen und erklären können, warum wir emotionale Zustände anderer Menschen übernehmen. In der NLP wird dieses Wissen oft genutzt, um gute Verbindungen herzustellen. Du kannst z.B. mit einer einladenden Mimik und Gestik dein Gegenüber positiv inspirieren.

- SOZIALE VERBUNDENHEIT: Positive Ausstrahlung fördert soziale Verbundenheit und erhöht das Vertrauen und die Kooperationsbereitschaft in sozialen Gruppen. Die Studie von Fredrickson[12] zeigt, dass positive Emotionen die Fähigkeit erhöhen, soziale Bindungen aufzubauen und zu stärken. Aus dieser Studie ist unter anderem diese Glücksformel entstanden.

Die wissenschaftliche Glücksformel

Positive Emotionen und Gefühle formen den emotionalen Kitt, der unsere Verbindungen stärkt, unsere Seele nährt und uns inspiriert, das Beste aus unserem Leben zu machen. Laut der Studie von Barbara Fredrickson –‚**Broaden and Build**'[12] (erweitern und aufbauen) haben **positive Gefühle folgende Einflüsse** auf uns:

✓ Sie **erweitern (Broaden)** unsere körperliche und psychische Gesundheit, die Fähigkeit, den Alltag entspannter zu gestalten, unsere handlungsorientierte Denkweise und unsere sozialen Kontakte und Beziehungen

✓ Dadurch **bauen (Build)** wir unsere Ressourcen und Kompetenzen, im körperlichen, geistigen und sozialen Bereich **auf** und stabilisieren sie.
Infolgedessen können Menschen, die sich in einer positiven Grundstimmung befinden, schneller aus Krisen herauskommen. Sie sind besser in der Lage, schwierige Situationen zu bewältigen und gestärkt daraus hervorzugehen.

→ **Positive Gefühle führen dich zu positiven Beziehungen**

Positive Gefühle zu erzeugen ist wichtig für dein Wohlbefinden und unterstützt deine Beziehungen, aber es geht NICHT darum, alles schönzureden. Alles nur positiv zu sehen, ist eine der größten Fehlinterpretationen des Themas Glück. Das würde nämlich bedeuten, wir verleugnen die Realität und unterdrücken unsere negativen Emotionen. Das führt zu unrealistischen Erwartungen und vielleicht sogar zu Fehlentscheidungen.

Die Glücksformel, die wirklich funktioniert, stammt von der amerikanischen Professorin und Glücksforscherin Barbara Fredrickson[12]. Viele Menschen, auch ich, leben erfolgreich danach. Sei kritisch und prüfe selbst, ob sie stimmt.

Glück = drei positive Emotionen gegen eine negative

$$Glück = 3 : 1$$

Barbara Fredrickson's Forschung zeigt, dass für ein erfülltes und glückliches Leben das Verhältnis von positiven zu negativen Emotionen etwa 3:1 sein sollte. Das bedeutet, dass auf jede negative Emotion mindestens drei positive Emotionen kommen sollten. Diese positive Bilanz hilft, negative Erlebnisse auszugleichen und trägt dazu bei, das Wohlbefinden zu steigern.

Negative Emotionen sollen nicht völlig vermieden werden; es geht darum, ein gesundes Gleichgewicht zu finden, das die positiven Erfahrungen überwiegen lässt.

Mehr Momente des Glücks

Vielleicht hast du ja schon deine Glücksquellen, dann pflege sie bitte und lass sie weiter wachsen. Ich finde Glücksmomente kann man nicht genug haben, deshalb bekommst du hier ein paar Inspirationen.

- Beginne und praktiziere **Achtsamkeitsübungen**. Sie lassen dich in deinem jeweiligen Moment ankommen und unterstützen dich dabei, deine glücklichen und wohligen Momente bewusst wahrnehmen.

- Führe ein **Dankbarkeitstagebuch**. Dazu mein Tipp: das Sechs-Minuten-Tagebuch[13]. Du brauchst dafür nur drei Minuten morgens und drei Minuten abends.

- Übe dich in **positiven Affirmationen**. Eine Affirmation ist ein positiv formulierter Satz, den man sich wiederholt sagt, um das eigene Denken und Verhalten positiv zu beeinflussen. Dadurch konditionieren wir unser Gehirn und somit unser Bewusstsein auf das Positive. Eine meiner Affirmationen wenn ich mich verbal angegriffen fühle ist: *„Ich bin ein Lotus, an mir perlt alles ab"*. Bei der Vorstellung wie das Negative an mir abperlt muss ich einfach immer lächeln und ich bin viel entspannter.

- Pflege und kultiviere **Hobbys**, die dir wirklich Spaß machen – starte am besten gleich jetzt!

- **Balanciere deine Emotionen**. Traurigkeit gehört zum Leben mit dazu, lass sie zu. Es kommt auf die Glücksbalance (Glücksformel 3:1) an.

- Sammle **Zitate**, die dich erfüllen und teile sie mit Menschen, die dir wichtig sind.

- Höre Musik und tanze.

All das sind viele kleine Methoden, um deine positiven Emotionen zu steigern. Wenn es dir gut geht, bist du mitreißend und inspirierend für andere Menschen. Unterschätze bitte niemals diese Macht!

Positive Gefühle sind das Elixier des Lebens, sie durchströmen unsere Existenz mit Freude und Sinn.

Bitte notiere, was du bereits machst und notiere, womit du innerhalb der nächsten 72 Stunden anfangen möchtest:

4. SCHRITT: AKTIVITÄT - DER BEZIEHUNGS-TURBO

BEZIEHUNGSKAMPF Ein Leben ohne Aktivitäten erscheint langweilig und leer, was zu Unzufriedenheit und einem Stillstand der persönlichen Entwicklung führen kann. Die mangelnde Herausforderung für Körper und Geist birgt das Risiko physischer sowie psychischer Erkrankungen. In einer Partnerschaft ist es bereichernd, wenn jeder eigene Aktivitäten verfolgt und diese zum gegenseitigen Austausch beitragen können. Doch auch hier gilt: Zu viel des Guten kann schädlich sein. Um es metaphorisch auszudrücken: Auf einer Tanzfläche würde dann jeder Mensch zu seiner eigenen Melodie und zum eigenen Rhythmus tanzen. Es gäbe keine Interaktion, keine Berührung, jeder bliebe in seiner eigenen Blase, ohne sich auf andere einzulassen. Das wäre auf Dauer traurig und trennend.

BEZIEHUNGSTANZ Gemeinsame Aktivitäten stärken eine Beziehung enorm. Wenn Paare, bzw. Menschen Zeit miteinander verbringen und gemeinsame Erlebnisse teilen, schaffen sie wertvolle Erinnerungen und intensivieren ihre Bindung. Solche Aktivitäten fördern das gegenseitige Verständnis und vertiefen das Vertrauen. Sie bieten Raum für Freude, gemeinsames Lernen und das Entdecken neuer Interessen, was die Partnerschaft lebendig und dynamisch hält. Letztendlich fördern gemeinsame Aktivitäten nicht nur die emotionale Nähe, sondern auch das Gefühl der Zusammengehörigkeit, und das ist für eine glückliche und erfüllte Beziehung unerlässlich.

Action!

Tatsächlich bringt uns nicht jede Aktivität näher zusammen, oder bereichert uns. Wieder komme ich auf einen der Glücks-grundsätze von Michael Fordyce[10] zurück, auf seinen ersten, er lautet: "**Aktiv sein macht glücklich**". Er und sein Team haben herausgefunden, wie eine Aktivität dafür beschaffen sein muss.

Kennst du dieses euphorische Gefühl, das dich nach einer erfüllenden Unternehmung durchströmt? Sicher kennst du das! Wir baden dann regelrecht im Wohlgefühl der Augen-blicke. Mir persönlich ergeht es nach einem herausragenden Konzert so. Als leidenschaftliche Musikliebhaberin gerate ich nach solchen Veranstaltungen in einen Zustand der Schwe-relosigkeit. Und wenn dann noch Gleichgesinnte an meiner Seite sind, die diese musikalische Leidenschaft teilen, fühlt es sich für mich vollkommen an.
An diesem Punkt offenbart sich das Geheimnis hinter diesem Grundsatz für Glück und gelingende Beziehungen, die Quint-essenz aus Fordyces Forschungsergebnissen:

Je glücklicher die gemeinsam verbrachte Zeit, desto strahlender das Individuum.

Ganz ehrlich, im Grunde genommen wissen wir das, es ist jedoch schön, wenn wissenschaftliche Studien die eigenen Erfahrungen untermauern.

Aktivitäten haben außer positiven Einflüssen auf unser Wohl-befinden auch die Kraft, uns auf vielfältige Weise miteinan-der zu verbinden und unsere Beziehungen zu intensivieren.

Aus seinen Forschungsergebnissen haben er und sein Team fünf wesentliche **Eigenschaften und Facetten** von Aktivitäten herausgefiltert. Achte bei der Wahl deiner Aktivitäten auf Folgendes:

DEINE AKTIVITÄTEN SOLLTEN:
- unterhaltsam sein
- aufregend sein
- neu sein
- soziale Komponenten enthalten
- sinnerfüllt und bedeutsam sein.

Tatsächlich habe ich meine Aktivitäten daraufhin ‚geprüft' und kann dir sagen, es lohnt sich. Zum einen bekommst du eine bewusstere Sichtweise auf deine Hobbys und Interessen, zum anderen ist es eine ausgezeichnete Gelegenheit, dich neu auszurichten.

Ideen für die gemeinsame Zeit

An dieser Stelle gebe ich dir einige Ideen und Beispiele. Was davon passt zu dir, was machst du bereits, was tust du jetzt schon stattdessen?

- ESCAPE-ROOM-ABENTEUER:
Stell dich der Herausforderung eines Escape-Rooms, löse Rätsel und erfahre den Nervenkitzel, während du mit anderen zusammenarbeitest.

- KOCHKURS:

Nimm an einem gemeinsamen Kochkurs teil, um neue kulinarische Horizonte zu erkunden und schmackhafte Mahlzeiten zuzubereiten.

- WANDERUNG:

Erkunde die Natur bei einer aufregenden Wanderung an einem unbekannten Ort und teile die Freude des Entdeckens mit Freunden.

- FREIWILLIGENARBEIT:

Engagiere dich in sozialen Projekten und trage aktiv dazu bei, die Welt um dich herum zu verbessern. Ich war zehn Jahre Schulweghelferin und hatte dabei unglaublich bezaubernde Begegnungen.

- KREATIVE WORKSHOPS:

Lass deiner Kreativität in Workshops für Malerei, Töpferei oder Schreiben freien Lauf und erlebe das inspirierende Gefühl der Entfaltung.

- TEAM-SPORTARTEN:

Schließe dich beim Beachvolleyball, Ultimate Frisbee oder Kajakfahren einem Team an und erlebe den Zusammenhalt und die Herausforderungen des Team-Sports.

- GARTENPROJEKT:

Arbeite gemeinsam mit anderen an einem Gartenprojekt und lass' Pflanzen und Blumen unter eurer Sorgfalt gedeihen.

- KULTURELLE VERANSTALTUNGEN:

Besuche Ausstellungen, Konzerte, Theateraufführungen oder Poetry-Slams, tauche ein in die Vielfalt der kulturellen Welt.

Dein persönliches Glück. Wenn es dir gut geht, führst du auch bessere Beziehungen. In ihm steckt aber auch die unglaublich stärkende Macht der gemeinsam erlebten Momente.

5. SCHRITT: EMPATHIE - IN DER WELT DES ANDEREN

BEZIEHUNGSKAMPF Charakteristisch für das Fehlen von Empathie sind Gleichgültigkeit, Härte und eine extreme Distanzierung gegenüber anderen Menschen. Hierbei geht es nicht um ein temporäres Phänomen, sondern um eine grundlegende Einstellung. Manchmal kann die fehlende Fähigkeit, sich in andere hineinzuversetzen, egoistische Züge annehmen. Dies führt insgesamt zu Konflikten, Missverständnissen und erschwert zwischenmenschliche Beziehungen.

BEZIEHUNGSTANZ Empathie und Einfühlungsvermögen sind der Schlüssel zu harmonischen und erfolgreichen Beziehungen. Diese Fähigkeiten ermöglichen es uns, die Gefühle und Perspektiven unseres Partners wahrzunehmen und zu verstehen, was zu einer tieferen Verbindung und gegenseitigem Respekt führt. Wenn wir empathisch aufeinander eingehen, schaffen wir eine Atmosphäre des Vertrauens und der Unterstützung, in der beide Partner sich sicher und wertgeschätzt fühlen. Dies fördert offene und ehrliche Kommunikation, reduziert Missver-ständnisse und Konflikte. Einfühlungsvermögen hilft uns, die Bedürfnisse und Wünsche des anderen zu erkennen und darauf einzugehen, wodurch die Beziehung gestärkt und das gemeinsame Wachstum gefördert wird. Ein solcher ‚Beziehungstanz' erfordert ständige Aufmerksamkeit und Bereitschaft, sich auf den anderen einzulassen und flexibel auf Veränderungen zu reagieren. Letztendlich bildet Empathie das Fundament, auf dem tiefe, bedeutungsvolle und erfüllende Beziehungen aufgebaut werden können.

Rollenspiele

„Urteile nie über einen anderen Menschen, bevor du nicht einen Mond lang in seinen Mokassins gelaufen bist."
(indigener Herkunft)

Dieses Zitat ist alt, und es zeigt, dass dieses Thema schon lang existiert. Wir betrachten und erleben die Welt sowie ihre Ereignisse stets durch unsere eigenen Augen. Unsere **individuellen** Erfahrungen prägen unser Weltbild. Doch wie faszinierend wäre es, das Weltbild eines anderen Menschen zu erleben? Ein solches Abenteuer birgt enormes Potenzial, das wir leider viel zu selten oder sogar nie anzapfen. Dabei könnte es ein bedeutender Schritt hin zu mehr Verständnis und Empathie für unsere Mitmenschen sein. Das ist unabhängig davon, ob es sich um den Chef, die Partnerin, die Familie, Freunde oder den nervigen Autofahrer vor dir handelt.
In die Haut eines anderen zu schlüpfen, das ist ein Akt der Empathie. Menschen, die empathisch sind, strahlen eine

besondere Anziehungskraft aus. In ihrer Gegenwart fühlen wir uns verstanden.

Empathie weckt die Kunst des Zuhörenkönnens. Sie entfaltet ihre hilfreiche Wirkung in Konflikten und ist ein effektiver Deeskalator. Sie ermöglicht rasches Knüpfen starker, vertrauensvoller Bindungen.

Und da ist es wieder: **Vertrauen**. Dieses eine Wort, das den Kern von gesunden, positiven Beziehungen bildet. Wer Wachstum, Respekt und Wertschätzung in Beziehungen anstrebt, kann an echter vertrauenserweckender Empathie nicht vorbeikommen.

Die sechs Regeln des Spiels

Erinnerst du dich an den zweiten Schritt, ‚Jenseits der Masken'? Was, wenn du davon ausgehst, dass auch **dein Gegenüber mitunter Masken trägt**, um den Erwartungen gerecht zu werden? Wie würde das deine Sicht auf diese Person verändern? Wir sind keine Gedankenleser – und das ist gut so. Vor allem sollten wir uns davor hüten, Dinge in andere hineinzuinterpretieren. Es ist ausreichend, wenn dir bewusst ist, dass du vielleicht gerade nicht das ganze Bild eines anderen Menschen siehst. Manchmal reicht das schon aus, um brisante Situationen zu entschärfen.

Um dich wirklich auf dein Gegenüber einlassen zu können, bedarf es natürlich einiger elementarer Fähigkeiten. Wende die folgenden Techniken an und du wirst deine Mitmenschen anders wahrnehmen. Dein Verständnis wird sich vertiefen und du wirst zu einer attraktiveren und einfühlsameren Person.

Die sechs Spielregeln der Empathie

1. OFFENHEIT ist der erste Schritt zum Verständnis. Es bedeutet, sich auf andere Sichtweisen und Perspektiven einzulassen. Stell' dir vor, du könntest für einen Moment die Brille eines anderen tragen. Diese Offenheit erlaubt uns, tiefer in die Gedanken- und Gefühlswelt unserer Mitmenschen einzutauchen.

2. AKTIVES ZUHÖREN ist eine Kunst, die Beziehungen stärkt. Wenn du ohne Vorurteile und Kommentare zuhörst, öffnest du Türen zur Ehrlichkeit. Dein Fokus liegt dabei auf dem, was dein Gegenüber teilt, nicht darauf, was du sagen möchtest.

3. FRAGEN sind die Schatzkarte zur Empathie. Sie führen uns zu verborgenen Schätzen der Gedanken und Gefühle. Indem du kluge, offene Fragen stellst, zeigst du Interesse und förderst echte Gespräche.

4. DIE PERSPEKTIVE DES ANDEREN EINNEHMEN.
Sei mutig und versetze dich in ihre oder seine Lage. Wie fühlt
es sich an, in ihren Schuhen zu stehen? Diese Übung erweitert unseren Horizont und fördert Verständnis.

5. ZUSAMMENFASSEN DES GEHÖRTEN ist mehr als
nur Worte zu wiederholen. Es zeigt, dass du wirklich zuge-
hört hast. Deine Zusammenfassung gibt deinem Gegenüber
die Chance, Unklarheiten zu klären und die eigene Perspektive zu vertiefen.

6. EINFÜHLUNGSVERMÖGEN ist das Geheimnis wahr-
haftiger Verbindung. Das bedeutet nicht nur zu verstehen,
sondern auch zu fühlen. Wenn du die Emotionen deines Ge-
genübers spürst, entsteht eine tiefere und harmonischere
Ebene des Miteinanders.

6. SCHRITT: MITEINANDER - GEMEINSAM INS ABENTEUER

BEZIEHUNGSKAMPF Ein Beziehungskampf be-
schreibt die Dynamik in einer
Beziehung, die durch das Fehlen von Kooperation und das
Vorherrschen von Konflikten geprägt ist. Hier dominieren
Missverständnisse, Egoismus und ein Mangel an Zusammen-
arbeit, was oft zu einer belastenden und disharmonischen

Partnerschaft führt. Statt gemeinsam an Lösungen zu arbeiten, geraten die Partner häufig in Auseinandersetzungen, die die Beziehung weiter belasten.

BEZIEHUNGSTANZ   Der Beziehungstanz hingegen symbolisiert die harmonische Zusammenarbeit und das gemeinsame Erreichen von Zielen. In dieser Dynamik geht es um Teamarbeit, gegenseitige Unterstützung und das Teilen von Aufgaben und Projekten. Partner, die im Beziehungstanz agieren, fördern einander, stärken ihre Bindung durch gemeinsame Erlebnisse und schaffen eine Atmosphäre des Wachstums und der positiven Entwicklung. Dies führt zu einer erfüllteren und stabileren Partnerschaft, in der beide Seiten gemeinsam Herausforderungen meistern und Erfolge feiern.

Projekte, die verbinden

Projekte sind umfangreiche, geplante Vorhaben mit einem definierten Ziel, wofür im Voraus die erforderlichen Schritte festgelegt werden. Es gibt Paare, die sich während des Hausbaus zerstritten haben; andere hingegen konnten durch das gemeinsame Bauprojekt ihr Beziehungsfundament festigen. Diese drei negativen Effekte können zu Konflikten oder dem Scheitern gemeinsamer Projekte führen:

- **Group Thinkig – Gruppendenken**: Bei übermäßiger Kompromissbereitschaft besteht die Gefahr, dass eigene Meinungen aufgegeben werden.

- **Social Loafing – Soziales Faulenzen:** Aufgaben werden an vermeintlich Erfahrenere delegiert und man selbst zieht sich von den Aufgaben zurück.
- **Risk Shifting – Risikoverschiebung**: Verantwortung wird abgeschoben und ‚Schuld' auf andere projiziert.

Anders als im vierten Schritt, Aktivitäten, bei denen es nicht immer ein festes Ziel gibt, definiert sich ein gutes, gemeinsames Projekt durch sein **klares Ziel**. Die **Energie fließt** in Richtung des gemeinsam gewünschten Ergebnisses. Dieser **gemeinsame Flow** schafft Erlebnisse, die Menschen enger zusammenschweißen. Die Zusammenarbeit erfordert ein gewisses Maß an Koordination und bietet eine wunderbare Gelegenheit, einander besser kennenzulernen. Dabei erkennen wir nicht nur unsere eigenen **Stärken**, sondern auch die Stärken unseres Partners. Dies führt zu einer **gesteigerten Wertschätzung**, die wiederum eine feste Grundlage für Beziehungen bildet.

Notiere: Welche gelungenen Projekte hast du schon gemeinsamen mit Menschen durchgeführt?

Gemeinsame Projekte zwingen uns auch immer wieder, **Kompromisse** einzugehen. Sie sind eine **ständige Schule** für den Umgang miteinander, erfordern das Setzen von **Grenzen**, das **Tolerieren** von unterschiedlichen Ansichten und die **Bereitschaft** zur Auseinandersetzung. Herausforderungen sind in der Regel völlig normal und laden uns ein, diese Hindernisse gemeinsam zu überwinden.

Darüber hinaus schaffen gemeinsame Projekte und die daraus resultierenden Erinnerungen und Geschichten oft unterhaltsame Gesprächsthemen für Abende mit Freunden. Das Teilen von gemeinsamen Erfahrungen, sowohl positive als auch negative, stärkt wiederum die Verbindung und sorgt mit Sicherheit für den ein oder anderen herzhaften Lacher. Hast du schon einmal ein Projekt erlebt, das deine Beziehung gestärkt hat?

Teilt eine **gemeinsame Vision** für euer Projekt. Stellt sicher, dass ihr beide **dasselbe Ziel** vor Augen habt und motiviert seid, daran zu arbeiten. Eine klare Vision und ein klares Ziel kann helfen, eure Anstrengungen zu koordinieren

Stell dir vor, du bist in einem Boot, das gegen die Strömung angetrieben werden muss. Nur gemeinsam schafft es die Crew mit Paddeln, aus der gefährlichen Strömung zu kommen. Dieses Bild ist ein Beispiel dafür, wie wichtig und notwendig ein Ziel und ein gutes Miteinander sind.

> *Sei bereit, flexibel zu sein und bleib anpassungsfähig, wenn unerwartete Herausforderungen auftreten. Gemeinsame Projekte können Überraschungen mit sich bringen, und es ist wichtig, gemeinsam Lösungen zu finden.*

Zusammengefasst: Bevor ihr euch in ein Projekt stürzt, ist es hilfreich, gemeinsam eure Ziele zu besprechen. Je nachdem, was genau euer Projekt ist, kann eine solide Planung eure Zusammenarbeit erheblich erleichtern. Im Internet stehen großartige Tools zur Verfügung, die euch dabei unterstützen können, effektiv zu planen. Ich habe einige dieser nützlichen Planungstools in meinem Online-Glückskurs[15] vorgestellt, die euch bei eurem Vorhaben weiterhelfen können.

Inspirationen

- TEAMBUILDINGS:
Eine Gruppe von Freunden entscheidet sich, gemeinsam einen Berg zu besteigen. Sie müssen sich gegenseitig unterstützen, um den Gipfel zu erreichen. Eine Gruppe von Kollegen nimmt an einem Teambuilding-Workshop teil, der Vertrauensübungen beinhaltet. Diese Übungen erfordern, dass die Teilnehmer einander vertrauen, um sicherzustellen, dass niemand verletzt wird. Durch diese gemeinsamen Erfahrungen stärken sie das Vertrauen in ihre Arbeitsbeziehung.

- ROADTRIP:
Ein Paar entscheidet sich für einen Roadtrip entlang einer Küste. Unterwegs erleben sie lustige Abenteuer und romantische Sonnenuntergänge, ihnen geht aber auch der Sprit aus. Diese Erinnerungen werden zu einem Schatz, den sie immer wieder miteinander teilen können, was ihre Liebe vertieft.

- RENOVIERUNG ODER HEIMWERKARBEITEN:
Hier sind die Möglichkeiten vielfältig. Besprecht, welche Farbe euch beiden gefällt, wie was aussehen soll, welcher Stil .... Für mich ist mein Wohnbereich meine Insel, hier erhole ich mich. In meiner Natur liegt es, immer wieder neu zu gestalten. Welche großen oder kleinen Projekte könntet ihr jetzt anfangen?

- KOCHEN ODER BACKEN:

Freunde oder Familienmitglieder können zusammen in der Küche stehen, um ein besonderes Abendessen zuzubereiten oder köstliche Desserts zu backen. Das Teilen von Mahlzeiten ist eine großartige Möglichkeit, Zeit miteinander zu verbringen

- GARTENARBEIT:

Das Anlegen und Pflegen eines Gartens kann ein gemeinsames Projekt für Paare oder Familien sein. Das Pflanzen von Blumen, Gemüse oder Kräutern schafft nicht nur eine schöne Umgebung, sondern fördert auch die Zusammenarbeit.

- BUCHCLUB ODER FILMABENDE:

Freunde können einen Buchclub gründen, um gemeinsam Bücher zu lesen und zu besprechen, oder regelmäßige Filmabende organisieren, bei denen sie Filme zusammen ansehen und diskutieren.

- FITNESSZIELE:

Ein Paar, ein Team im Unternehmen oder Freunde können gemeinsame Fitnessziele setzen und zusammen trainieren. Dies kann Laufen, Radfahren, Yoga oder jede andere Aktivität sein, die Spaß macht. Das ist übrigens einer meiner Favoriten.

7. SCHRITT: DANKBARKEIT & WERTSCHÄT-ZUNG - DAS HERZ DER BEZIEHUNG

BEZIEHUNGSKAMPF Für manche Menschen ist allein schon das Wort ‚Danke' negativ besetzt, zum Beispiel, weil sie als Kind ständig dazu aufgefordert wurden, Dankbarkeit zu zeigen. Es wurde quasi erzwungen, ohne die Rücksicht auf Ehrlichkeit. Beim Beziehungskiller Undankbarkeit, geht es darum Dinge als selbstverständlich anzusehen, ohne die entsprechende Wertschätzung zu zeigen. Es ist also sehr wichtig zu unterscheiden, ist das Danke wirklich von Herzen und anerkennend oder erzwungen. So ein Danke zeigt Wertschätzung. Wenn das fehlt, kann dauerhaft beim anderen das Gefühl von geringer Wertschätzung entstehen. Die Steigerung dazu ist dann oft die Neigung, negative Kommentare zu verteilen. Undankbarkeit oder Dinge als selbstverständlich zu sehen, kann auch als einseitiges Nehmen empfunden werden – es wird quasi nichts zurückgegeben.

BEZIEHUNGSTANZ Barbara Fredrickson[12], eine Pionierin auf dem Gebiet der Positiven Psychologie, hat in ich bahnbrechenden Studien gezeigt, wie positive Emotionen eine faszinierende Aufwärtsspirale in Gang setzen können[12]. In diesem Schritt dreht sich alles um das emotionale Powerhouse: die Dankbarkeit. Sie ist nicht nur der Schlüssel zum Glück, sondern auch ein wahrer Gesundheits-Booster und ein **Magnet für tiefere Beziehungen**.

Die magische Kraft der Dankbarkeit

Bei der Recherche zu diesem Buch hat mich beeindruckt, wie umfassend das Thema Dankbarkeit erforscht ist. Dabei habe ich festgestellt, dass es zwei Arten von Dankbarkeit gibt: die authentische, die aus tiefstem Herzen kommt, und die gesellschaftlich oder kulturell erwartete. In diesem Abschnitt fokussieren wir uns auf die authentische Dankbarkeit. Doch was hindert uns oft daran, diese echte Dankbarkeit zu empfinden? Der größte Feind der Dankbarkeit ist die Selbstverständlichkeit. So mächtig kann wahre Dankbarkeit sein.

✔ AUFBAU UND INTENSIVIERUNG VON BEZIE-HUNGEN
Dankbarkeit ist wie der unsichtbare Kitt, der unsere sozialen Bindungen festigt und verstärkt. Diese prosoziale Emotion verstärkt und verzaubert unsere zwischenmenschlichen Beziehungen.

✔ FÖRDERUNG POSITIVER KOMMUNIKATION
Dankbarkeit betont die gegenseitige Wertschätzung. Wenn wir unsere Dankbarkeit aufrichtig ausdrücken, schenken wir unseren Beziehungen Glanz und schaffen eine harmonische Atmosphäre.

✔ DIE KRAFT DES LÖSUNGSORIENTIERTEN DEN-KENS
Dankbare Menschen sind wahre Meister im Umgang mit Herausforderungen. Sie betrachten die Welt mit einem klaren, optimistischen Blick und gehen Konflikte und Missverständnisse mit Respekt und Achtsamkeit an. Das führt zu einer außergewöhnlich guten Fähigkeit bei der Konfliktbewältigung.

Aber das ist noch nicht alles! Dankbare Menschen genießen noch weitere Vorteile:

- **Psychische Gesundheit**: Die allgemeine Zufriedenheit steigt und macht widerstandsfähiger gegenüber Depressionen. Das Gefühl der Entspannung: Stress hat weniger Chancen und wird erfolgreich reduziert.

- **Besserer Schlaf**: Die Schlafqualität erreicht ein neues Hoch.

- **Ein stärkeres Immunsystem**: Der Körper wird zum Bollwerk gegen Krankheiten.

- **Herzgesundheit**: Bei Herzschwäche vom Typ B sind die positiven Auswirkungen nachgewiesen – ein Rettungsring für das Herz. Dem Abgleiten in Phase C kann vorgebeugt werden[16].

- **Glücksbarometer am Anschlag**: Das Glücksniveau kann um beachtliche 25 Prozent ansteigen.

Diese beeindruckenden Vorzüge der Dankbarkeitspraxis verleihen nicht nur dem individuellen Wohlbefinden eine besondere Note, sondern bereichern auch zwischenmenschliche Beziehungen nachhaltig.

Dankbarkeit ist der Schlüssel, um das Positive in vollen Zügen zu genießen.

Rituale für den Alltag

Rituale sind wiederkehrende, oft feierliche Handlungen, die eine tiefere Bedeutung haben. Auf die Dankbarkeit bezogen bieten sie eine besondere Möglichkeit, Wertschätzung auszudrücken, die nicht routiniert, sondern authentisch ist.

Am Ende einer Yogastunde haben sich die Gesichter der Teilnehmer meistens verändert. Sie wirken entspannter, und oft breitet sich ein stilles Lächeln aus. Diese Momente lassen tiefe Dankbarkeit in mir wachsen, ich fühle meine Arbeit wertgeschätzt und bin voller Freude. Kennst du solche Momente, die manchmal sogar nonverbal stattfinden?

Wenn du Dankbarkeit oder Wertschätzung aussprichst, sollte es ehrlich und aus dem Herzen kommen. Suche dir einfach umsetzbare und leicht in den Alltag integrierbare Tools aus. Hier sind einige Rituale, die dir helfen können, mehr Dankbarkeit, Zufriedenheit und Glück in dein Leben zu bringen.

- 6-MINUTEN-TAGEBUCH [13] ODER: DANKBARKEITSJOURNAL

Dieses Tagebuch ist ein echter Klassiker und ein Juwel für alle, die nach einem glücklicheren Leben streben. Täglich notierst du, jeweils drei Minuten morgens und abends, wofür du dankbar bist. Schreibe über die Dinge, die dein Herz höherschlagen lassen und dir Anerkennung schenken. Führe es **täglich**! Unser Gehirn braucht einfach etwas Zeit, bis es Neues in Gewohnheit umsetzt. Genau das ist das Ziel: Deine Dankbarkeit und das damit verbundene Gefühl sollen zur Gewohnheit werden. Du programmierst dich damit auf das Positive. Falls du ohne Buch starten möchtest, kannst du die Sätze auch so nutzen, um dein eigenes Dankbarkeitsjournal zu führen. Du kannst es allgemein ausfüllen oder speziell auf Beziehungen zuschneiden. Ich habe es jahrelang geführt und somit meinen Dankbarkeitsgrundstock aufgebaut. Du brauchst aber nicht unbedingt das 6-Minuten Tagebuch, du bekommst hier deine drei täglichen Fragen. Antworte nicht bitte immer unterschiedlich und nimm auch die ganz kleinen Dinge wahr. Bei mir war es tatsächlich mal ein mit dem Tode ringender Käfer, den ich gerettet habe.

Für diese drei Dinge bin ich heute dankbar:

Das war heute ein wundervolles Erlebnis:

Darauf freue ich mich morgen:

- ACHTSAMKEIT – UMARME DEN MOMENT
Konzentriere dich ganz und gar auf den gegenwärtigen Moment. Lerne dadurch die kleinen, kostbaren Wunder des Lebens schätzen. Sieh` die Welt durch die Augen eines Kindes, ohne Urteil und mit einer frischen und ungetrübten Perspektive. Ob dein besonderer Moment einer Blume, der Musik oder einem Duft gilt – dieses Training öffnet deinen Geist, erweitert deinen Horizont und lässt dich die kostbaren Momente in deinen Beziehungen noch intensiver erleben.

- DANKBARKEITS-APP – DEIN DIGITALER BEGLEITER
Wenn du lieber digital unterwegs bist, gibt es spezielle Apps, die dich täglich dazu einladen, deine Dankbarkeit

festzuhalten. Zum Beispiel; die Dankbarkeitsapp, positives Denken, positiv Journal usw.

- BEZIEHUNGSDANK – EIN ECHTES LOB

Zeige immer wieder, was du an deinem Partner und an den Menschen in deinem Umfeld schätzt. Es sollte aufrichtig gemeint sein und, ganz wichtig: begründe es. Auch kleine Geschenke können Wunder wirken – vielleicht bringst du deinem Kollegen einen Kaffee mit.

Die beste Strategie ist eine Mischung aus allem, um deinen Lieben aufrichtige Freude zu bereiten.

- DAS LIEBESBÜCHLEIN

Das Ritual, um Wertschätzung dauerhaft zu zelebrieren. Das praktiziere ich persönlich und möchte dir gerne davon erzählen.

Wertschätzung ist meiner Meinung nach eines der wichtigsten Elemente, um aufrichtige, liebevolle und stärkende Beziehungen zu führen. Diesmal möchte ich vieles besser machen. Mit diesem Wunsch, ja Vorsatz, startete ich meine Liebesbeziehung. Am Anfang spielten die Hormone verrückt, sogar in meinem Alter. Es fiel mir unglaublich leicht, meinen Partner attraktiv zu finden. Selbst über den ein oder anderen Rülpser am Tisch konnte ich lachen. Ich fand meinen 'Donnergott', wie ich ihn nenne, einfach nur großartig, und das habe ich ihm auch gesagt. Seine Reaktion darauf war, dass ich halt noch verliebt sei und ihn deshalb lobe. Aber nein, so war es nicht. Ein Lob **ohne Bezug oder Begründung** lässt uns nicht wachsen. Deshalb achte ich darauf, ein sogenanntes Leistungslob auszusprechen. Das bedeutet konkret, dass ich genau den Grund nenne, warum ich ihn so toll finde.

Daraus entstand die Idee, ein Liebesbüchlein zu schreiben. Mein Buch hat eine Herzform und besteht aus leeren Blättern, die gefüllt werden möchten. Dort schreibe ich Dinge hinein, die ich an ihm sehr wertschätze. Zum Beispiel steht darin, wie wundervoll ich es finde, dass er mir die Autotür öffnet. Klingt trivial? Nein, es ist genau das Gegenteil. Diese kleinen Tätigkeiten fallen ihm leicht, und er weiß nun, dass ich sie wahrnehme und sehr schätze.

Wertschätzung ist der Anker in schweren Zeiten

Es spielt keine Rolle, wie lange ihr zusammen seid, sei es kurz wie bei uns oder schon länger. Es ist normal, dass auch mal fordernde Zeiten kommen. So ein Liebesbüchlein dient dann als Erinnerung daran, was wir aneinander schätzen. Mein Donnergott hat das schon einmal benutzt und mich daran erinnert, welche Vorzüge er hat.

8. SCHRITT: MINDSET – START FÜR STARKE BEZIEHUNGEN

BEZIEHUNGSKAMPF   Wir alle tragen Prägungen und Glaubenssätze in uns. Leider wiederholen wir alte Gedanken täglich, oft unbewusst und verharren dadurch in negativen Mustern. Dies nennt man ein fixiertes Mindset, das Veränderungen nicht zulässt. In Beziehungen kann es dazu führen, dass wir immer wieder an denselben Punkt gelangen – bis wir uns schließlich trennen oder verzweifeln.

BEZIEHUNGSTANZ   Damit unsere Beziehung nicht zum Kampf werden, können wir durch ein bewusstes und positives Mindset die Beziehung positiv gestalten. Indem wir unsere Gedanken bewusst auf Positives lenken, können wir negative Muster durchbrechen und eine harmonische Beziehung fördern. Ein flexibles Mindset erlaubt es uns, Herausforderungen als Chancen für Wachstum zu sehen und gemeinsam Lösungen zu finden.

Mit einer lösungsorientierten Haltung stärken wir die Kommunikation und das Vertrauen. Ein positives Mindset hilft dabei, den Partner in seiner Entwicklung zu unterstützen und eine tiefere Verbindung zu schaffen. So wird der Beziehungstanz zu einer liebevollen und erfüllenden Partnerschaft, geprägt von Vertrauen, Respekt und gemeinsamer Freude.

Empower your Mind

Mein Slogan 'EMPOWER YOUR MIND' verkörpert meine Mission, Menschen dazu zu ermutigen und dabei zu unterstützen, ihr geistiges Potenzial voll zu entfalten. Ich bin davon überzeugt, dass jeder von uns die Fähigkeit besitzt, sein Denken zu stärken und dadurch bedeutende Veränderungen im Leben herbeizuführen. Indem ich Wissen, Inspiration und Werkzeuge bereitstelle, unterstütze ich dich dabei, deine Gedanken und Ideen zu entfesseln.

Um dieses Konzept greifbarer zu gestalten, habe ich hier ein konkretes Beispiel. Aufgrund von Rückenschmerzen suchte eine Klientin meine Hilfe. Bald wurde deutlich, dass diese Schmerzen tiefere Ursachen hatten. In ihrer Beziehung gab es erhebliche Probleme, und sie fühlte sich zutiefst unglücklich. Ihr innerer Dialog war von pessimistischen Gedanken geprägt: "*Unsere Beziehung wird niemals besser werden. Es ist aussichtslos, und wir werden uns nur noch weiter voneinander entfernen*". Diese destruktive Denkweise fesselte sie und führte zu einem Abstieg in negative Gedankenspiralen. Die erhöhte Anspannung ihrer Muskulatur war eine körperliche (somatische) Reaktion darauf und die Ursache für ihre Schmerzen. Sie war gefangen in einem Teufelskreis aus negativer geistiger und körperlicher Verspannung.

Doch als sie sich entschied, ihre **Denkweise zu ändern**, öffneten sich neue Horizonte für sie. Sie begann, einen **positiveren Ansatz** zuzulassen und erkannte eine Welt voller Lösungsmöglichkeiten. Ihr neues Mantra lautete: "*Unsere Beziehung kann sich verbessern, wenn wir an unserem geistigen Wachstum und unserer Kommunikation arbeiten. Mit den geeigneten Werkzeugen und einer optimistischen Einstellung können wir gemeinsam daran arbeiten, unsere Beziehung zu vertiefen. Ich bin in der Lage, gelassener auf herausfordernde Situationen zu reagieren, und dadurch kann unsere Beziehung harmonischer und erfüllender werden.*"

Mit der Umstellung ihrer Denkweise konnte sie das Konzept von 'EMPOWER YOUR MIND' wirklich umsetzen. **Ihre gestärkte Denkweise befähigt sie nun, Herausforderungen mit mehr Selbstvertrauen und einer positiveren Einstellung zu meistern.** Zusätzlich begann sie mit Yoga, und sehr schnell ging es ihr besser. Ihre Geschichte zeigt, wie die Kraft des positiven Denkens und die Stärkung des eigenen Geistes in vielen Lebensbereichen zu einer Bereicherung führen können.

Warum fällt uns der Wechsel von einer negativen Denk- und Sichtweise zur positiven oft so schwer, und warum verharren wir häufig in Negativität?

EMPOWER YOUR MIND – Mach dir bewusst, dass du die Macht hast, dein Mindset zu formen. Positive Beziehungen, eine stabile Gesundheit und ein erfülltes Leben resultieren aus deiner Denkweise

Wandle diese drei limitierenden Denkmuster

Die Art und Weise unseres Denkens und die Gründe dafür begleiten dich bereits durch das ganze Buch. Teile dieses komplexen Themas wurden bereits angesprochen. Wir tragen Denkmuster aus der **Steinzeit** in uns und kreieren neue Denkmuster durch unsere **Erfahrungen**. Ich zeige dir nun drei tiefverankerte Grunddenkmuster auf, die limitierend sind, und gebe dir konkrete Methoden, wie du sie positiv wandeln kannst.

1. MONOKAUSALES DENKEN

Hier wird angenommen, dass eine einzige Ursache zwangsläufig zu einem einzigen Ergebnis führen muss. Diese Art des Denkens verhindert ein umfassendes Verständnis und begrenzt unsere Entwicklungsmöglichkeiten. Zwei Beispiele:

✖ **Konflikte in Beziehungen**: Die Annahme, dass Streit in einer Beziehung immer ein Zeichen dafür ist, dass die Beziehung insgesamt schlecht oder zum Scheitern verurteilt ist. Dieses monokausale Denken übersieht die Vielschichtigkeit von Beziehungsdynamiken, wo Konflikte oft auch Wachstum und Klärung ermöglichen können.

✖ **Gefühle und Ausdruck**: Die Vorstellung, dass ein Partner, der seine Gefühle selten verbal ausdrückt, automatisch weniger liebt oder weniger engagiert ist. Dies vernachlässigt die Tatsache, dass Menschen ihre Gefühle auf unterschiedliche Weise zeigen, z.B. durch Handlungen oder stille Unterstützung. Monokausales Denken in diesem Zusammenhang kann zu Missverständnissen und unrealistischen Erwartungen führen.

✓ METHODEN FÜR EINE POSITIVE DENK-WEISE:

Betrachte eine Situation aus **verschiedenen Blickwinkeln**: Frage dich: "Welche anderen Faktoren könnten hier eine Rolle spielen?

Nutze die **5-Why-Methode**: Stelle dir mindestens fünfmal die Frage "*Warum*?" zu diesem Thema, um tieferliegende Ursachen zu entdecken

2. FREUND- ODER FEINDDENKEN

Dabei wird in extremen Kategorien gedacht: entweder **gut** ODER **böse, essbar** ODER **giftig**. Diese Denkweise lässt wenig Raum für Kompromisse oder die Entdeckung neuer Wege. Zwei Beispiele:

✖ **Romantische Partnerschaften**: Wenn der Partner einen Jahrestag vergisst, wird er sofort als unaufmerksam und gleichgültig abgestempelt, anstatt die Möglichkeit in Betracht zu ziehen, dass es sich um ein Versehen handeln könnte.

✖ **Freundschaften**: Eine Person könnte glauben, dass ein echter Freund immer verfügbar sein muss und niemals eigene Probleme haben darf, die Zeit und Aufmerksamkeit beanspruchen. Wenn ein Freund eine Verabredung absagt, weil er überlastet ist, wird dies als Verrat oder mangelnde Loyalität gewertet, anstatt zu verstehen, dass es um die Pflege der eigenen Grenzen geht.

✓ METHODEN FÜR EINE POSITIVE DENKWEISE:

Erkenne und akzeptiere die Komplexität von Menschen und Situationen: Frage: "*Was könnte der Mittelweg sein?*" oder "*Welche gemeinsamen Interessen könnten bestehen?*"

Hinterfrage deine eigenen Vorurteile und Stereotype: Notiere deine Gedanken zu verschiedenen Gruppen und analysiere, ob diese auf Fakten oder Vorurteilen basieren.

3. PAUSCHALURTEIL

Hier erfolgt **keine Differenzierung**, es gibt nur alle, jede und jeden. Dieses Denken ist stark vereinfachend und lässt wenig Raum für nuancierte Lösungen. Der Unterschied zum Freund-Feind-Denken ist, dass hier **generalisiert** wird und nicht in entweder-oder-Kategorien eingeteilt wird. Zwei Beispiele:

✱ **Familienrollen**: Die Annahme, dass alle Schwiegereltern schwierig sind und sich ständig in die Beziehung einmischen. Dieses Pauschalurteil ignoriert die individuellen Unterschiede und die Möglichkeit, dass viele Schwiegereltern unterstützend und respektvoll sind.

✱ **Geschlechterrollen in Beziehungen**: Die Vorstellung, dass alle Männer emotional verschlossen oder dass alle Frauen besonders fürsorglich sind, führt zu starren Erwartungen und kann die Wahrnehmung und Bewertung von Partnern stark einschränken. Solche Pauschalurteile machen es schwer, die individuellen Eigenschaften und Bedürfnisse des Partners zu erkennen und zu schätzen, was die Entwicklung einer echten und tiefen Beziehung behindern kann.

✓METHODEN FÜR EINE POSITIVE DENK-
WEISE:

Sammle spezifische Informationen: Anstatt generalisierender Aussagen zu treffen, suche gezielt nach detaillierten Informationen.

Praktiziere Nuancierung: Übe, differenzierte Aussagen zu machen, die die Vielfalt und Komplexität eines Themas berücksichtigen.

Mein Leitspruch ‚EMPOWER YOUR MIND' betrifft mich selbst. Ganz ähnlich wie viele andere Menschen, vielleicht auch du, habe ich in meinem Leben Höhen und Tiefen erlebt. Eine der tiefsten Situationen war zweifelsohne eine lebensbedrohliche Diagnose, die mir gestellt wurde. Zum Glück hatte ich zu diesem Zeitpunkt bereits eine starke Verbindung zum Thema 'Mindset' aufgebaut. Diese Verbindung half mir, auch mit dieser Herausforderung entspannter und lösungsorientierter umzugehen.

Ein positives Mindset kann eine transformative Kraft entfalten, während ein negatives Mindset, oder das Mindset aus der Steinzeit uns in begrenzten Denkmustern gefangen halten kann.

Meine persönliche Erfahrung deckt sich mit den Geschichten meiner Klienten und meinem sozialen Umfeld: "*Alles beginnt mit unseren Gedanken, unserer Einstellung und den Entscheidungen, die daraus resultieren.*"

> *Wir sollten all diese begrenzenden Denkweisen überwinden. Dadurch gestalten sich unsere Beziehungen positiver und wir können eher ein glückliches und erfülltes Leben führen.*

Mindset Boost

Du könntest dieses Buch lesen, es beiseitelegen und einfach so weitermachen wie zuvor. Dann würdest du wirklich eine Gelegenheit verpassen. Oder aber du merkst dir die Stellen, die in dir irgendetwas **ausgelöst** haben. Die Momente, in denen du ein **starkes Gefühl** hattest – genau diese Punkte sind es, an denen du JETZT arbeiten solltest. Ob alleine oder mit einem Coach, Trainer oder in einer Gruppe die Hauptsache ist, dass du dich entscheidest, aktiv etwas zu unternehmen!

Nutze deine Stärken

Ein Talent ist eine Begabung, die jemanden zu ungewöhnlichen oder überdurchschnittlichen Leistungen auf einem bestimmten Gebiet befähigt. Stärken sind erlernbare Kompetenzen, Fertigkeiten und Fähigkeiten, die durch bewusste Anstrengung und Erfahrung entwickelt werden können. Ein Talent wird erst durch kontinuierliches Training und Übung zu einer Stärke.

Wenn du dir deiner Stärken bewusst bist, kannst du sie in deinen beruflichen und privaten Beziehungen einbringen, andere Menschen erfolgreich unterstützen und ihr Leben bereichern. Dein Selbstvertrauen wird auf gesunde Weise wachsen und deine Ausstrahlung wird authentisch und positiv sein. Zudem wirst du entspannter mit deinen Schwächen umgehen und mehr Toleranz und Verständnis für die Schwächen anderer entwickeln, was dir hilft, Konflikten gelassener zu begegnen. So lebst du in einer ausgewogenen Balance, in der du deine Stärken voll ausleben und gleichzeitig wachsen kannst.

Kurz gesagt: Das Bewusstsein und Wissen um deine Stärken stärkt dein Mindset, ermächtigt dich, dein Bestes zu geben und lässt dich Selbstvertrauen schöpfen. Dein Umfeld wird dich als kraftvolle, authentische und vertrauensvolle Persönlichkeit wahrnehmen.

Was genau sind deine Stärken? Bitte nimm dir Zeit, darüber nachzudenken. Schreibe mindestens fünf deiner Stärken auf.

Notiere: Wie hast du diese Frage für dich beantwortet? Handelt es sich um Fähigkeiten, die du aufgezählt hast, oder um Talente? War es leicht für dich, deine Stärken zu identifizieren?
(Stärkenfinder unter Quellennachweis*)

KAPITEL V

BEZIEHUNGSTANZ:
LET´S DANCE

DIE ACHT SCHRITTE IM ÜBERBLICK

Schlussendlich komme ich auf den Tanz zurück. Der Tanz dient mir als Metapher für Verbindung und Entwicklung. Um gemeinsam tanzen zu können, bedarf es der (non)verbalen Kommunikation, des gegenseitigen Verständnisses und des Sich-Einlassens aufeinander. Er ist stark mit Emotionen und Ausdruck verbunden und natürlich macht Tanzen einfach glücklich. Was könnte ein besseres Symbol für ein harmonisches Miteinander, gelungene Beziehungen und Glück sein?

Genauso verhält es sich mit den acht Schritten, die sich harmonisch und stimmig ineinanderfügen. Dabei sind sie keineswegs streng hintereinander abzuarbeiten. Du hast die Freiheit, spielerisch mit ihnen umzugehen und die Schritte so zu gehen und zu wiederholen, wie es für dich passt.

DIE MACHT DER POSITIVEN KOMMUNIKATION legt den Grundstein für jede Beziehung. Durch die Kunst der klaren und respektvollen Kommunikation schaffst du ein starkes Fundament.

AUTHENTIZITÄT bedeutet, ehrlich zu dir selbst und anderen gegenüber zu sein. Wenn die Masken fallen, entstehen tiefere und vertrauensvollere Verbindungen. Du bist frei von den Ansprüchen anderer.

Die Qualität deiner **EMOTIONEN** beeinflusst deine Beziehungen. Positive Emotionen sind der Schlüssel zu mehr Sinn und Freude in deinen Beziehungen.

Gemeinsame **AKTIVITÄTEN,** Freude und Abenteuer in Beziehungen bereichern dich. Du verstärkst Gemeinsamkeiten und schaffst nachhaltige Erlebnisse.

Das **EINTAUCHEN IN DIE ROLLE** eines anderen Menschen führt zu tiefem Verständnis. Die Kraft des Perspektivwechsels ist magisch und lehrt uns Empathie.

GEMEINSAME PROJEKTE laden zum Visionieren ein und bieten Chancen zur Zusammenarbeit. So entstehen starke Bande, die erfüllend und bereichernd sind und dich durch herausfordernde Zeiten tragen.

DANKBARKEIT ist ein mächtiger Beziehungskitt. Wer kleine Dinge wertschätzt und dieses Gefühl bewusst wahrnimmt, lebt in tiefer Verbindung mit sich selbst und anderen. Sie wirkt sich positiv und förderlich auf unseren gesamten Organismus aus.

Alles beginnt mit deinem **KRAFTVOLLEN MINDSET.** Empower your mind ist der Aufruf an dich, deine Stärke zu leben. Lebe in positiven und wertschätzenden Beziehungen und sei an den meisten Tagen deines Lebens glücklich.

DEINE NÄCHSTEN SCHRITTE IM BEZIE-HUNGSTANZ

Meine tiefsten, erfülltesten und glücklichsten Beziehungen gedeihen, wenn ich diese acht Schritte in meinem Umgang mit anderen beherzige. Der wirkliche Geheimtipp an dich lautet: **Bringe dich selbst in einen glücklichen und stabilen Zustand.** Wenn du deine Kraft wirklich lebst, stehst du Herausforderungen leichter gegenüber. Deine Sichtweise ändert sich. Situationen und Menschen fordern dich heraus und du wirst angemessen reagieren. Du hast immer die Wahl und kannst deine Reaktionen steuern. Wähle weise und mit dem Herzen. Lese dir die Schritte immer wieder durch. Vertiefe die einzelnen Schritte, beschäftige dich intensiver mit ihnen.

Wie startet jeder Tanz?
Mit dem ersten Schritt.

Was wird morgen (ja morgen) dein erster Schritt sein? Schiebst du es auf übermorgen? Oder triffst du jetzt die Entscheidung „**Ich führe ein erfülltes und freies Leben mit wertschätzenden Beziehungen**‟?

→Der **erste Schritt** beginnt mit deiner Entscheidung. Lass mich dir meine Geschichte erzählen: Ich habe eine Abneigung gegen kaltes Wasser. Es ist so schlimm für mich, dass ich Hustenanfälle und Atemnot bekomme, wenn ich in Wasser muss, das eine Temperatur von weniger als 19°C hat. Toni Robbins brachte bei einem seiner Vorträge genau dieses Beispiel: „Du stehst vor dem kalten Wasser und führst eine innere Diskussion mit dir selbst. Hör auf damit! Triff die Entscheidung und geh ins Wasser.‟ Für mich gilt dieses Prinzip für so viele Bereiche des Lebens! Wenn meine innere Debatte beginnt, halte ich inne und treffe eine Entscheidung.
→Der **zweite Schritt** ist die Umsetzung.
→Der **dritte Schritt** ist? Die Umsetzung, dein Tun!

Beginne jetzt, denn es geht um das Wichtigste in deinem Leben: deine Lebensqualität.

DER BEZIEHUNGS-CHECK

Diese Checkliste zeigt wesentliche Merkmale einer positiven Beziehung, die sowohl im privaten als auch im beruflichen Kontext relevant sein können. Wenn der Großteil deiner Antworten, ob mit Ja oder Nein, in eine bestimmte Richtung tendiert, bekommst du eine grobe Einschätzung über den Stand dieser Beziehung.

Bitte beachte dabei, dass Beziehungen verschiedene Phasen durchlaufen und es nicht nur um einen momentanen Zustand geht, sondern vielmehr um einen längerfristigen Eindruck. Die Zeitspanne, auf die sich die Liste beziehen sollte, beträgt in der Regel das letzte halbe Jahr.

Du kannst diese Liste gerne um weitere Punkte ergänzen, die dir besonders wichtig erscheinen.

Es geht bei diesem Check nicht darum das ihr 100% habt oder erreicht – dieser Check zeigt dir eine Tendenz. Nimm ein Nein als Chance und arbeitet gemeinsam daran.

Deine Check-Liste	**JA**	**NEIN**

Vertrauen und Ehrlichkeit:

Du kannst dich darauf verlassen, dass dein Gegenüber die Wahrheit sagt und dass Versprechen, Abmachungen und Zusagen eingehalten werden?

Gleichzeitig gilt dasselbe für dich: Man kann sich genauso auf dich verlassen?

Habt ihr Vertrauen zueinander?

Respektiert ihr die Grenzen des anderen?

Blühende Kommunikation:	**JA**	**NEIN**

Dein Gegenüber ist in der Lage, Gedanken, Gefühle und Bedenken offen, achtsam und ohne Angst vor Verurteilung auszudrücken?

Auch für dich gilt das Gleiche: Du kannst dich offenbaren?

Der Austausch ist fließend und ausgewogen, wobei keiner 80 % der Unterhaltung dominiert?

Redet ihr offen und ehrlich miteinander?

Hört ihr euch aktiv zu?

Respekt und Empathie:	JA	NEIN
Ihr begegnet euch wertschätzend und ihr achtet einander?		
Ihr könnt euch gegenseitig in die Lage des anderen versetzen und die Perspektive wechseln?		
Ihr seid euch bewusst, dass ihr nicht selbstverständlich seid?		
Konflikte:	JA	NEIN
Findet ihr Lösungen, die für euch beide akzeptabel sind?		
Geht ihr respektvoll mit Meinungsverschiedenheiten um?		
Gemeinsame Werte und Ziele:	JA	NEIN
Ihr habt ein Ziel, das ihr beide besprochen habt und zu dem ihr beide klare Zusagen gemacht habt?		
Jeder von euch hat Werte, und dabei stimmt ihr größtenteils überein?		
Habt ihr gemeinsame Ziele und Träume?		
Arbeitet ihr zusammen an eurer Zukunft / Zukunftsvision?		
Unterstützung und Zusammenhalt:	JA	NEIN
Ihr unterstützt euch und es fühlt sich ausgewogen an?		

	JA	NEIN
Ihr feiert Erfolge, auch die ganz kleinen?		
Steht ihr euch in schwierigen Zeiten bei?		
Fördert ihr das persönliche Wachstum des anderen?		

Einzigartigkeit erkennen: JA   NEIN

	JA	NEIN
Jeder von euch darf sein, wie er ist. Die kleinen Verrücktheiten oder Marotten dürfen sein?		
Ihr gebt euch Raum für persönliche Entfaltung und individuelle Entscheidungen?		
Jeder von euch hat eigene Interessen und Hobbys?		

Gemeinsame Zeit: JA   NEIN

	JA	NEIN
Nehmt ihr euch regelmäßig Zeit füreinander?		
Pflegt ihr gemeinsame Hobbys und Interessen?		

Intimität: JA   NEIN

	JA	NEIN
Fühlt ihr euch emotional und körperlich verbunden?		
Könnt ihr über eure Bedürfnisse, auch in der Sexualität sprechen?		

Jedes JA ist eure Garantie auf Beziehungswachstum, jedes NEIN ist eure Chance auf positive Veränderung.

EINE LIEBESBOTSCHAFT AN DICH

Ich war einige Jahre lang ein glücklicher und zufriedener Single und habe mich nie einsam gefühlt. In der Zeit davor erlebte ich jedoch Momente der Einsamkeit in Beziehungen. Im Nachhinein betrachtet, erscheint mir das erschreckend. Doch diese Erfahrungen können dir nun zugutekommen. Sei aufmerksam in deinen Beziehungen. Es erfordert nicht unbedingt harte Arbeit, sondern Wissen und aktives Handeln. Wenn du träge wirst und dich einfach nur ergeben möchtest in deinen Beziehungen, wirst du kein wahres Glück finden. Du kannst dein Bewusstsein täuschen, aber tief in dir spürst du, dass etwas nicht stimmt.

Für mich verkörpert Liebe ein Lächeln – sowohl innerlich als auch äußerlich. Ein Lächeln symbolisiert Leichtigkeit, Freiheit, Sinnlichkeit, Geborgenheit und Verbundenheit. In einer gesunden und positiven Beziehung dürfen all diese Facetten Raum finden. Nun, was ist für dich Liebe?
Jetzt ist die Zeit gekommen, dass du deine eigenen Schritte in Richtung eines erfüllten Beziehungslebens unternimmst, sei es in privaten oder geschäftlichen Beziehungen. Ich wünsche dir von Herzen, dass du dein Leben und deine Beziehungen positiv gestaltest und ein glückliches Leben führst.

Energievolle Grüße, Deine Anette

DANKE

So wie die Musik den Tanz lenkt, haben diese Impulse das Buch vervollkommnet und harmonisch gemacht.

Mein Dank gilt meinem großartigen Donnergott, dessen unermüdliche Hingabe an Feedback mich immer wieder begeistert. Danke an Gabi, die mich mit ihren Bildern unterstützt und stets aktiv dabei war. Karola, die das Manuskript final gelesen und mir wertvolle Impulse gegeben hat. Ein besonderer Dank geht an meine Tochter Lea, die sich engagiert mit meinen Worten auseinandergesetzt und sie weitergetragen hat. Lina, meiner Ziehtochter, danke ich für ihre emotionale Unterstützung. Meiner Mutter danke ich für ihre ehrliche Art, die mir stets wertvolle Rückmeldungen gegeben hat. Nico, mein Mentor, danke ich für seine wertvollen Tipps und dafür, dass er den Anstoß für das Webinar und somit für dieses Buch gegeben hat. Sandra danke ich für ihre yogische Perspektive auf mein Werk. Shima danke ich für seine klugen Anregungen und das Lob. Ein großes Dankeschön an Uta für ihren humorvollen und kritischen Blick.
Danke, dass **du** meine Worte gelesen hast, wir schaffen eine Verbundenheit, die weiter reicht, als wir denken. Lass uns nun das Prinzip der positiven Mehrung anwenden und all diese Erkenntnisse, Techniken und berührenden Momente weitergeben.

ÜBER DIE AUTORIN

Die Autorin, Anette Heidel, ist Glückstrainerin für ange-
wandte Positive Psychologie, Unternehmerin und Mental-
coach. Als Yogatherapeutin sind für sie Geist und Körper
keine getrennten Welten, sondern eine harmonische Einheit.
In ihrem beruflichen Engagement legt sie großen Wert auf
Nachhaltigkeit und einen ganzheitlichen Ansatz. Ihr Wissen
gibt sie weiter in Form von inspirierenden Vorträgen, kraftvollen Seminaren, transformativen Trainings und individuel-
lem Coaching.
Willkommen in der Welt des ganzheitlichen Erfolgs und
Glücks!
Weitere Infos:
www.anetteheidel.com
Instagram: @anette_heidel
Facebook: @anette heidel

QUELLENNACHWEIS

[1]Dr. Dispenza, Joe: *Becoming supernatural Übernatürlich, Studie warum wir am Negativen hängen*

[2]Seligman Martin: *PERMA - Modell*

[3]RYFF Carol und KEYES Corey: *Psychological Wellbeing*

[4]Huppert & So: *flourishing*

[5]University of North Carolina: *Study on Loneliness*

[6]Generiert mit ChatGPT

[7]Paul Watzlawick: *Axiome*

[8]Shridar D.V.: yogaraksanam.com I Ausbildung Yogatherapie

[9]NLP: *Neurolinguistische Programmierung, DVNLP, Nico Pirner, Nürnberg*

[10]Fordyce Michael: *14 Grundsätze des Glücks*

[11]Die 7 Gesetze des HUNA: *Hawaiianisch, schamanische Lehre. Dieser Lehrsatz wurde auch von Dr. Joe Dispenza untersucht*

[12]Barbara L Fredrickson: *The broaden-and-build theory of positive emotions*

[13]Das 6 Minuten-Tagebuch: *verschiedene Ausführungen, www.urbestself.de*

[14]SONSTIGE QUELLEN:

ALH: *Studienbriefe zum Fernstudium, Happiness Trainer.* Bibel: *pracitce what you pray.* Daniel Goleman und John Mayer: *Studien zur emotionalen Intelligenz.* Harold g. Johnson, Paul Ekman, and Wallace v. *friesencommunicative body movements: americanemblems*

Hatfield, E., Cacioppo, J. T., & Rapson, R. L. (1993). Emotional contagion. *Current Directions in Psychological Science, 2*(3), 96–99

James-Lange: *Theorie der Emotionen*

Riemann, Fritz: *Grundformen der Angst. 1961*

Rizzolatti und Craighero (2004): the mirror-neuron system

Scherer, K. R., Schorr, A. & Johnstone, T. (2001): *Appraisal processes in emotion: Theory, methods, research. New York: Oxford University Press*

Seligman Martin und Mihaly Csikszentmihaly: *diverse*

Seligman Martin: *orientations to happiness*

Seligman Martin: *PERMA*

[15]Online-Glückskurs: *„Ihr könnt mich alle mal – vom Loslassen und Glücklichsein,* www.anetteheidel.com

[16]Prof. Paul J. Mills: *University of California*

[17] Gary Chapman *„Die 5 Sprachen der Liebe*", Dr. John Gottman. *Gottman-Methode" (The Seven Principles for Making Marriage Work),*

Psychologie Heute *„Artikel zu Beziehungsdynamiken*, Auszüge aus der Positiven Psychologie

Literaturempfehlung:

Du musst nicht von allen gemocht werden: Vom Mut, sich nicht zu verbiegen" von Ichiro Kishimi und Fumitake Koga, **ISBN**. 978-3-499-63405-5

*Webseiten:

[*1]https://www.persoenlichkeitsstaerken.ch/

[*1]https://www.gallup.com/clitonstrengths/de/253595/home.aspx

https://www.anetteheidel.com

Milton Keynes UK
Ingram Content Group UK Ltd.
UKHW020107181024
449757UK00012B/737

9 783759 795137